Happy Easter

Coloring book

belongs to

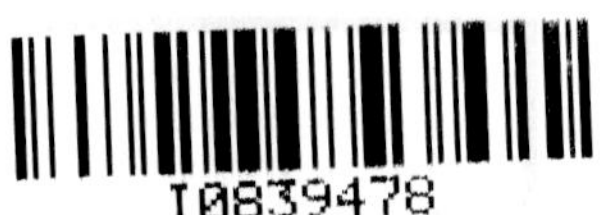

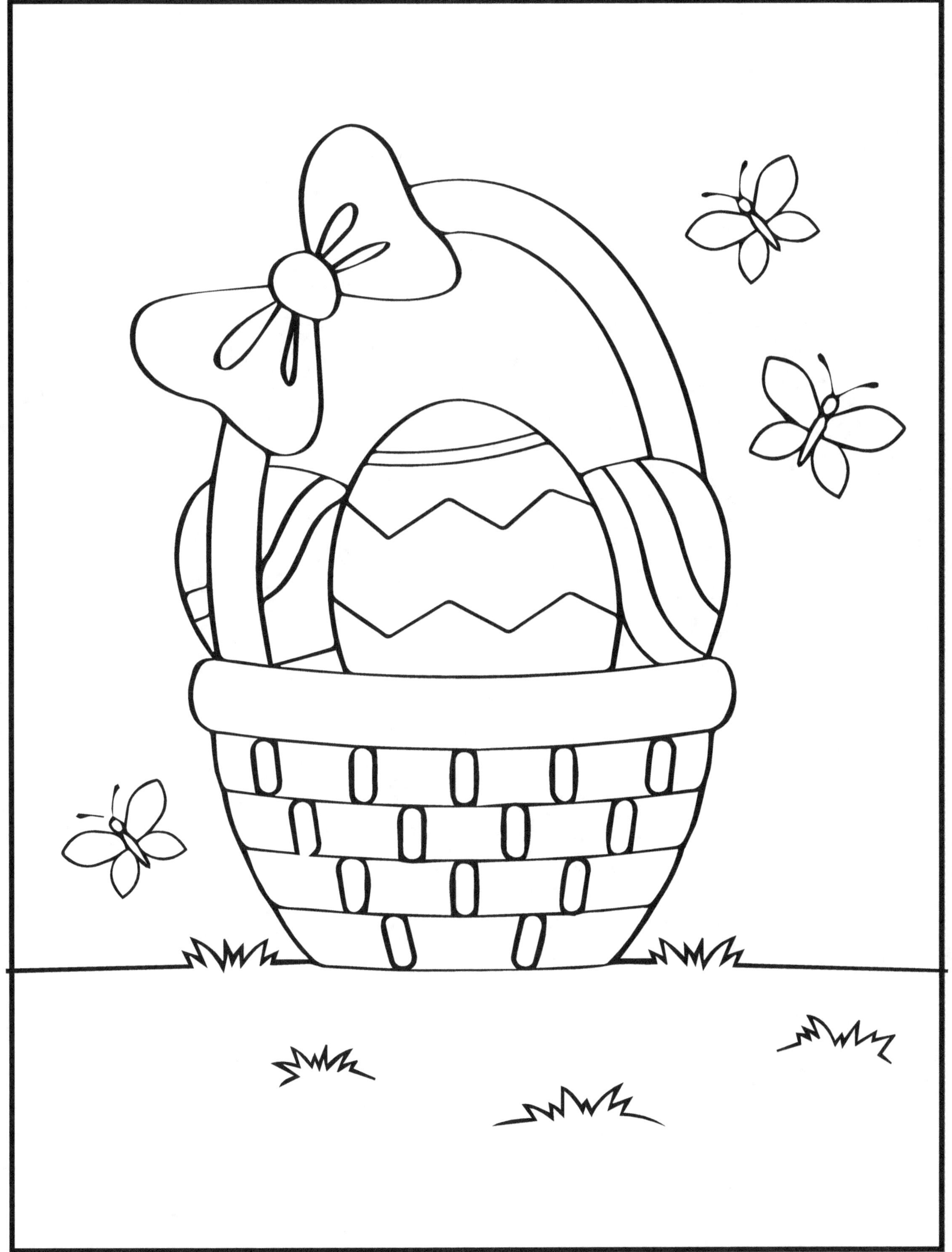

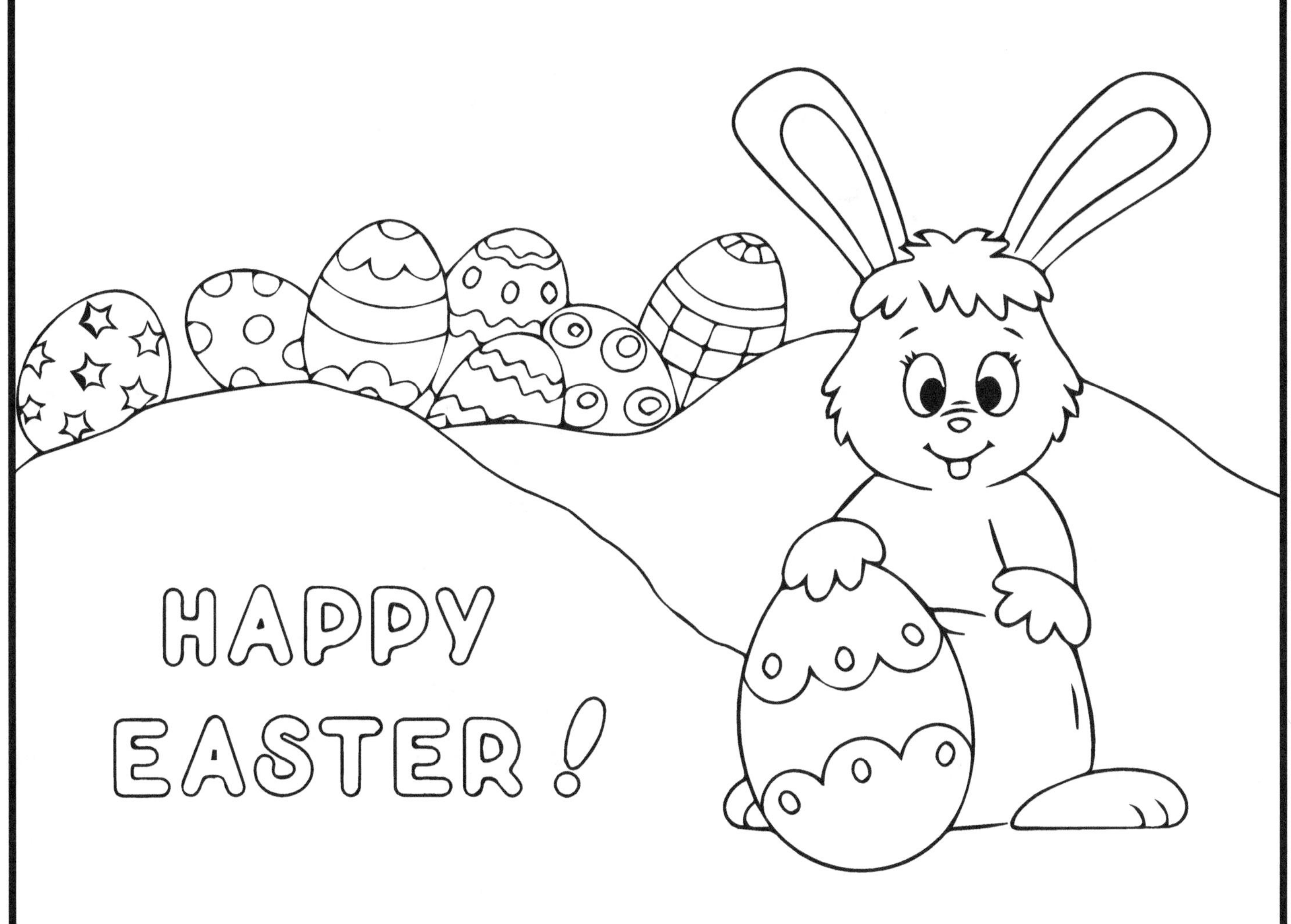

HAPPY
EASTER!

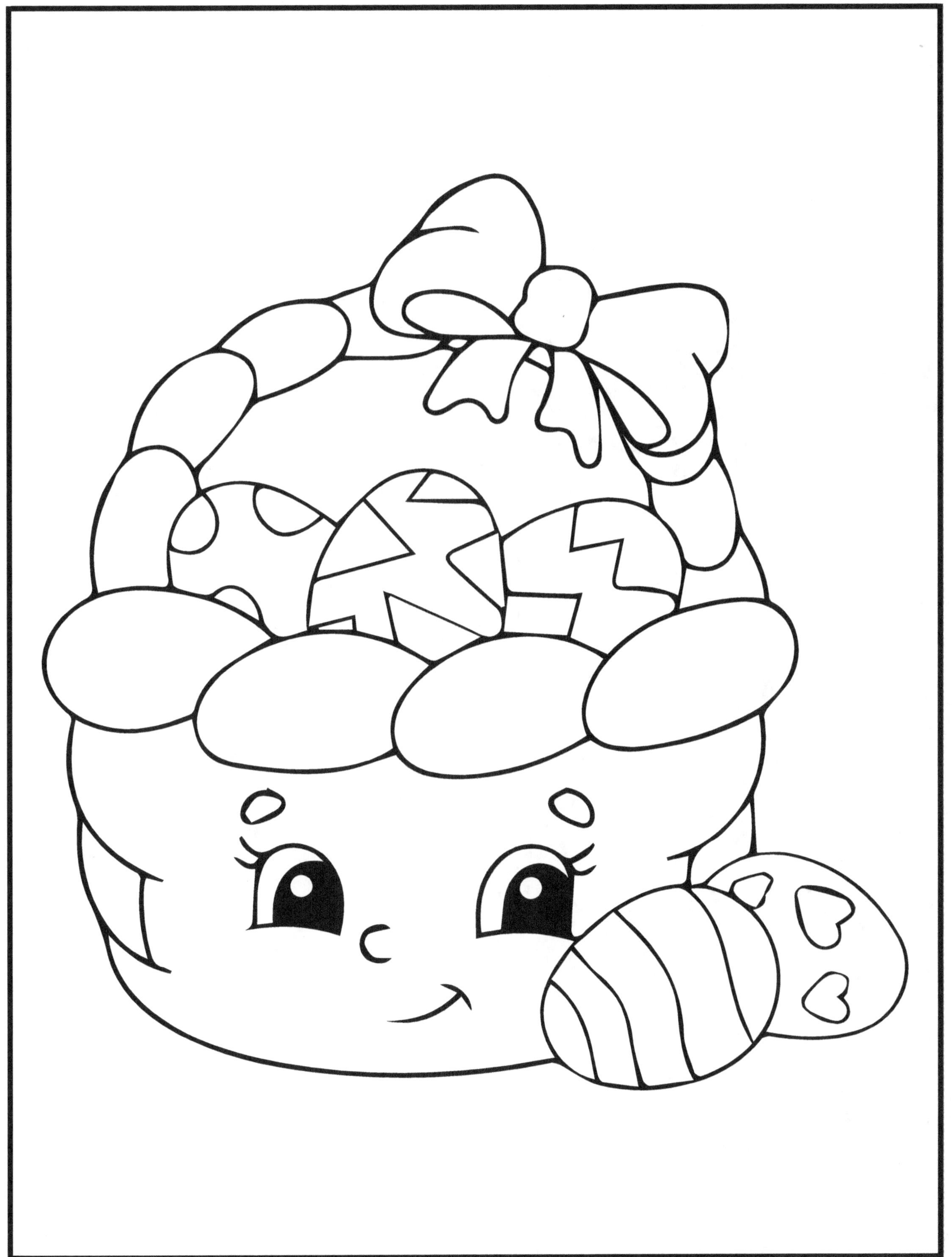

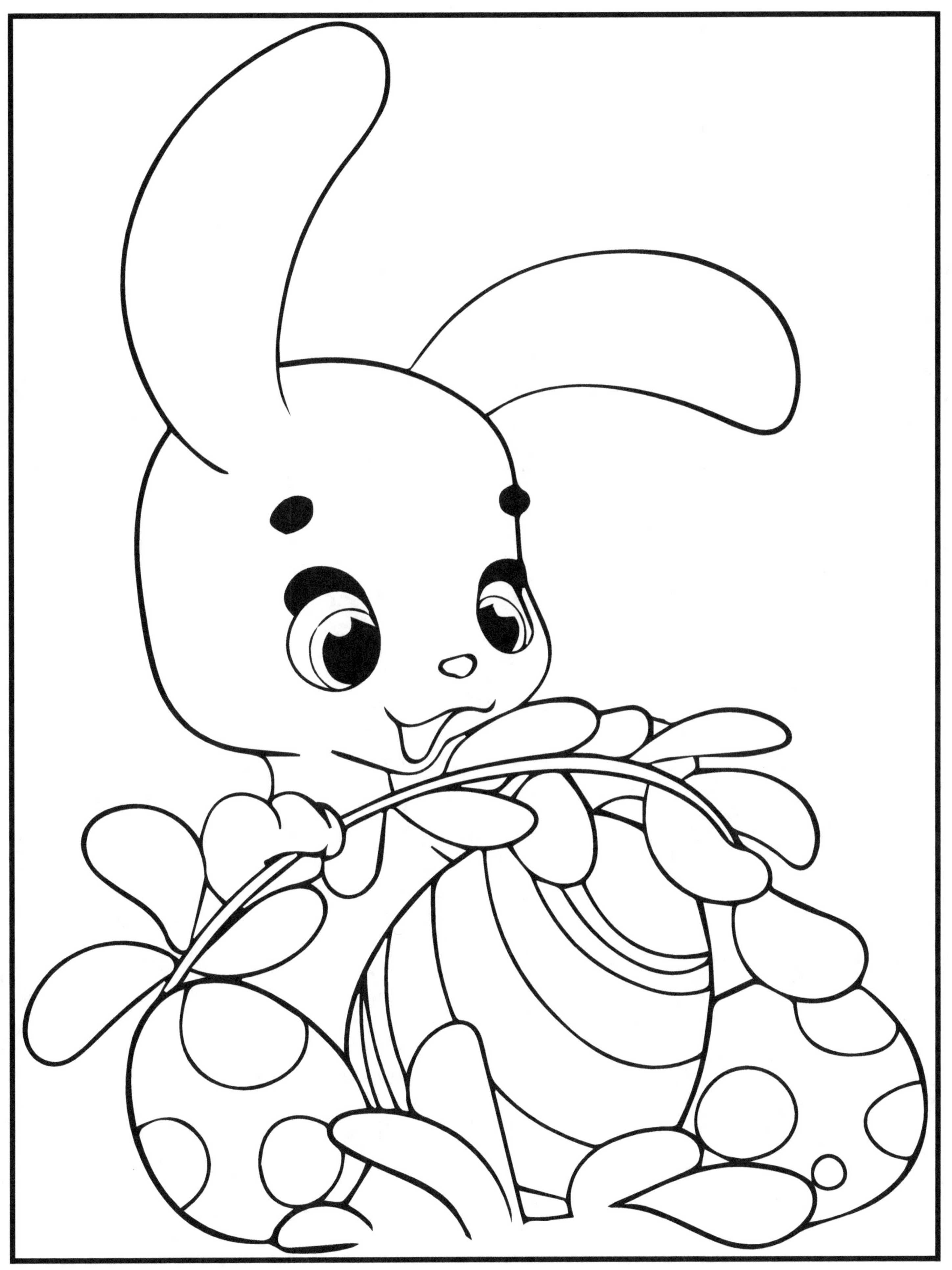

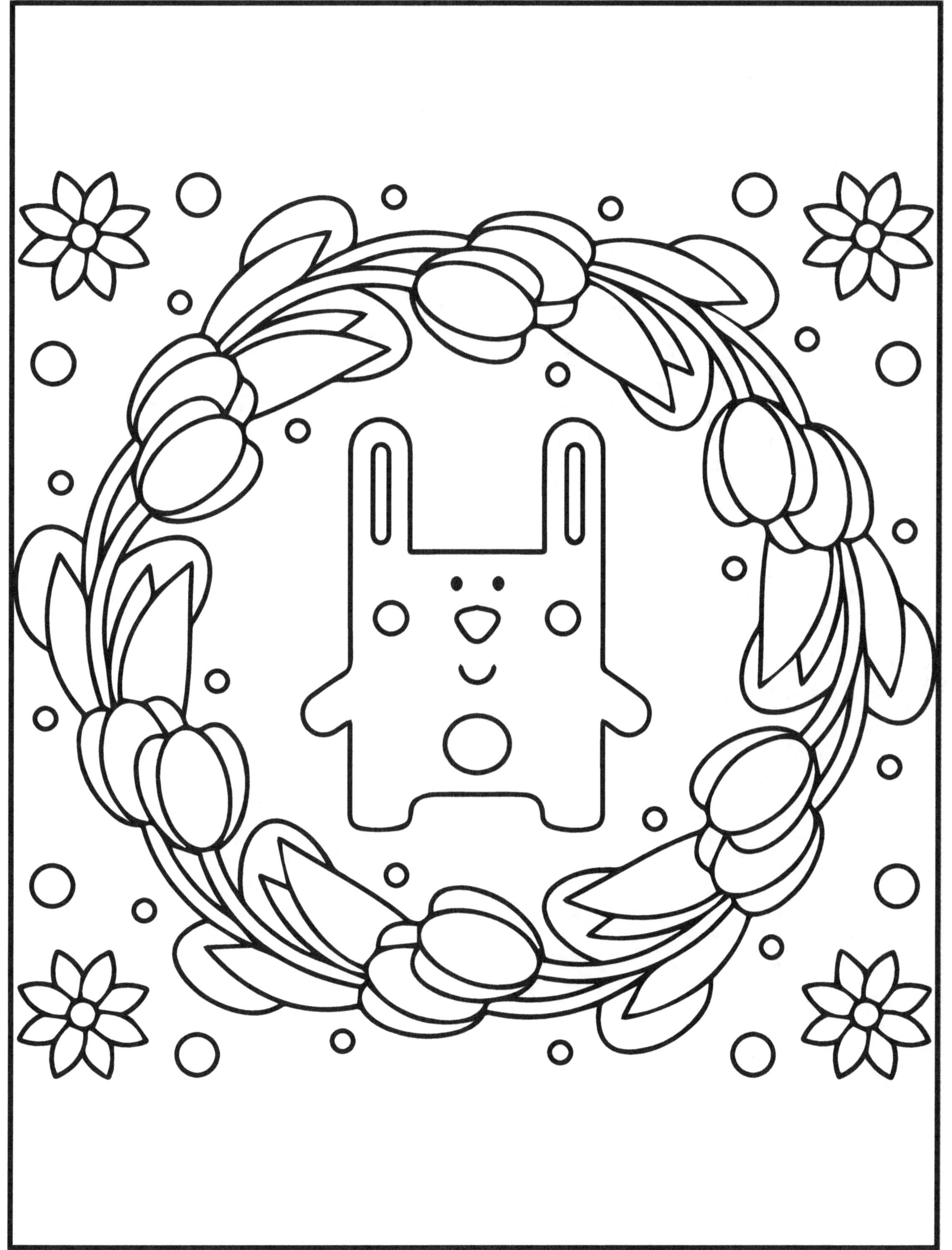

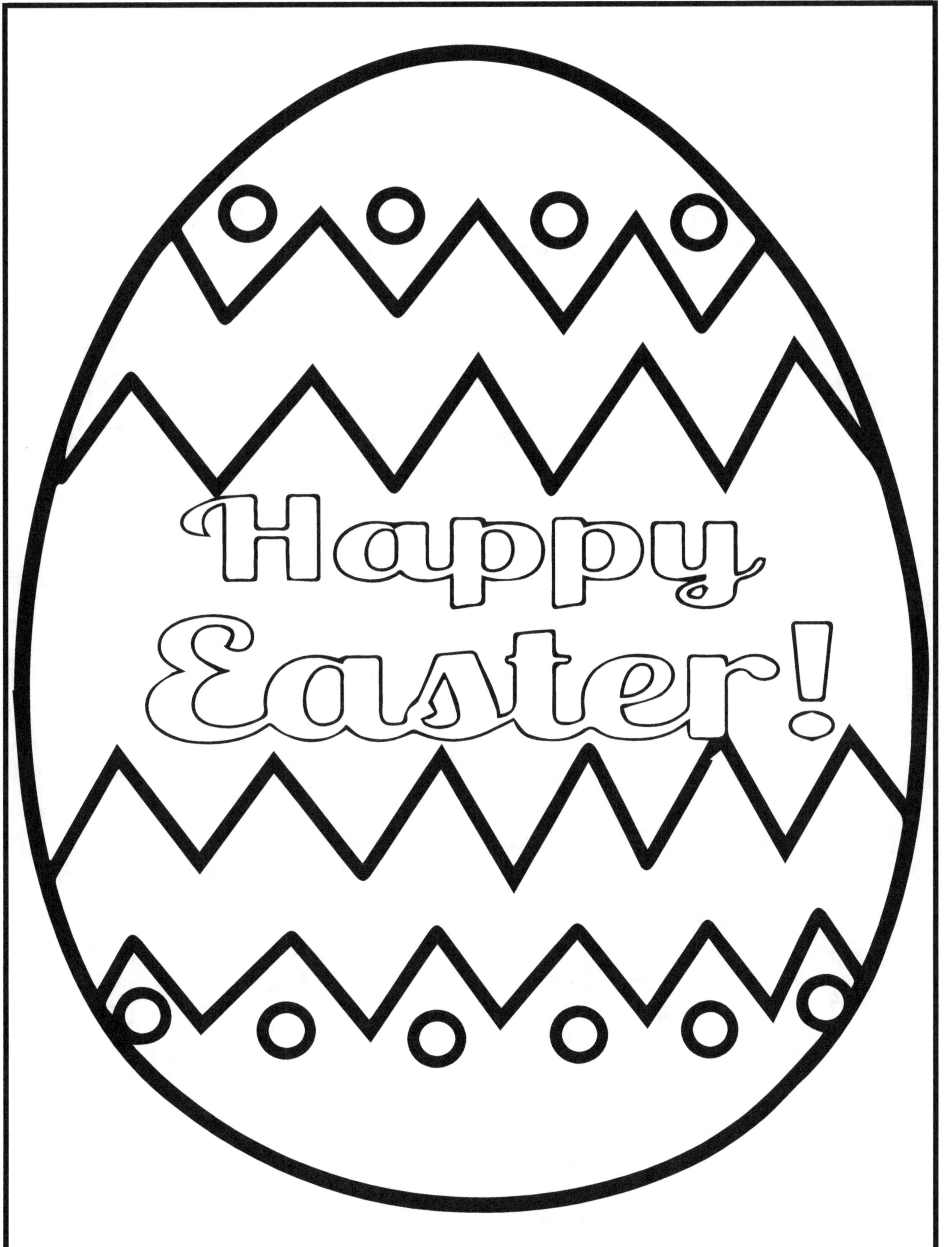

Happy
Easter!

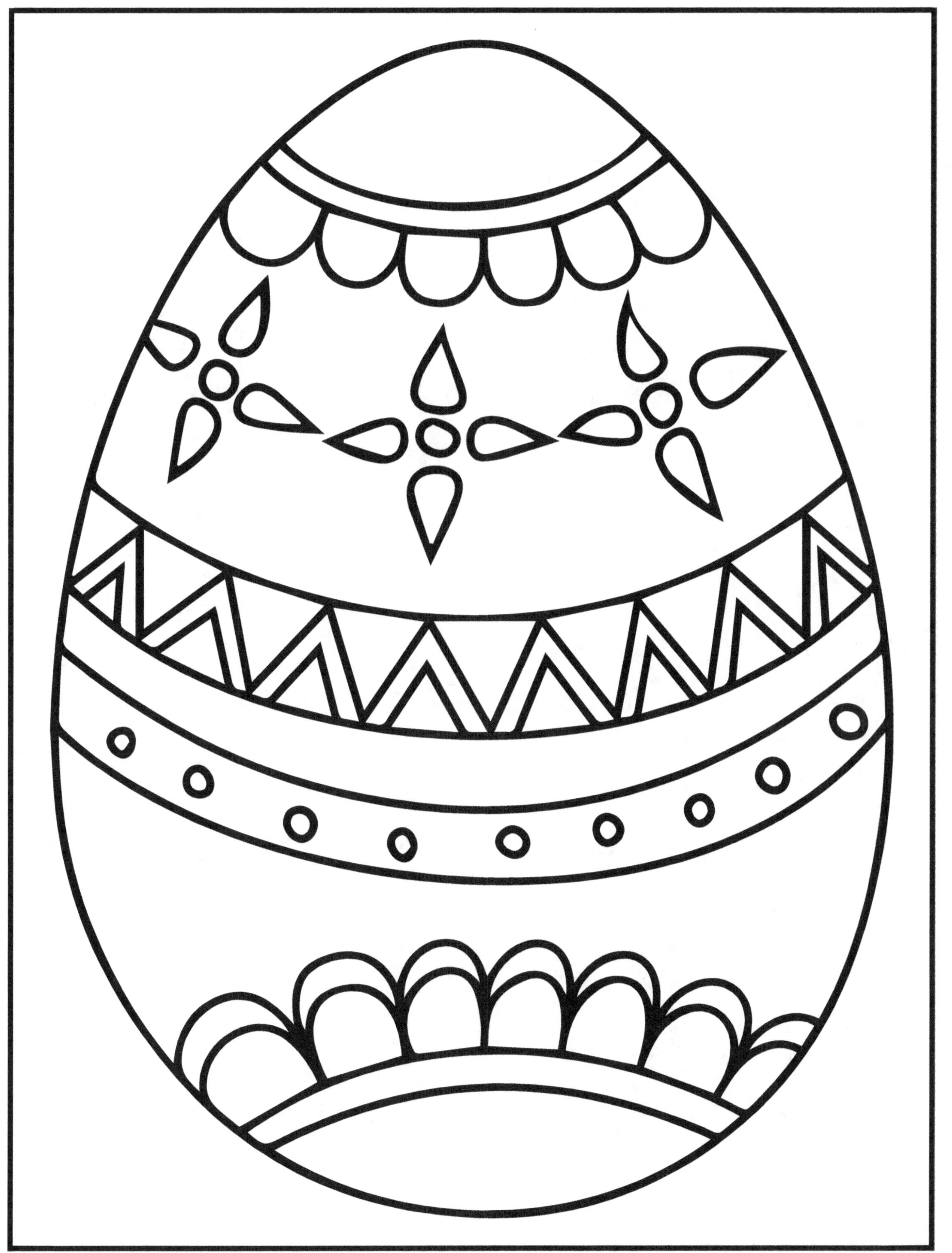

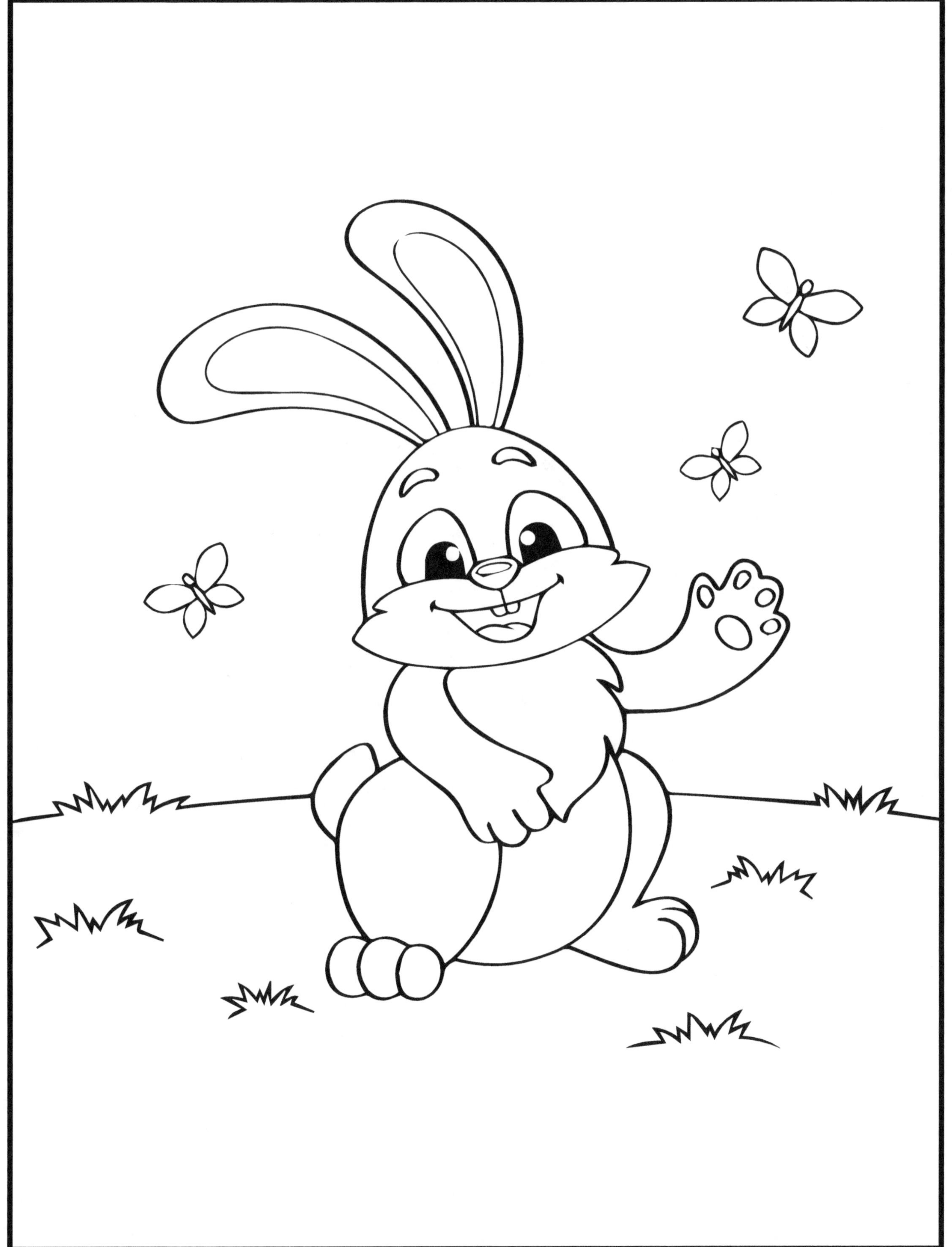

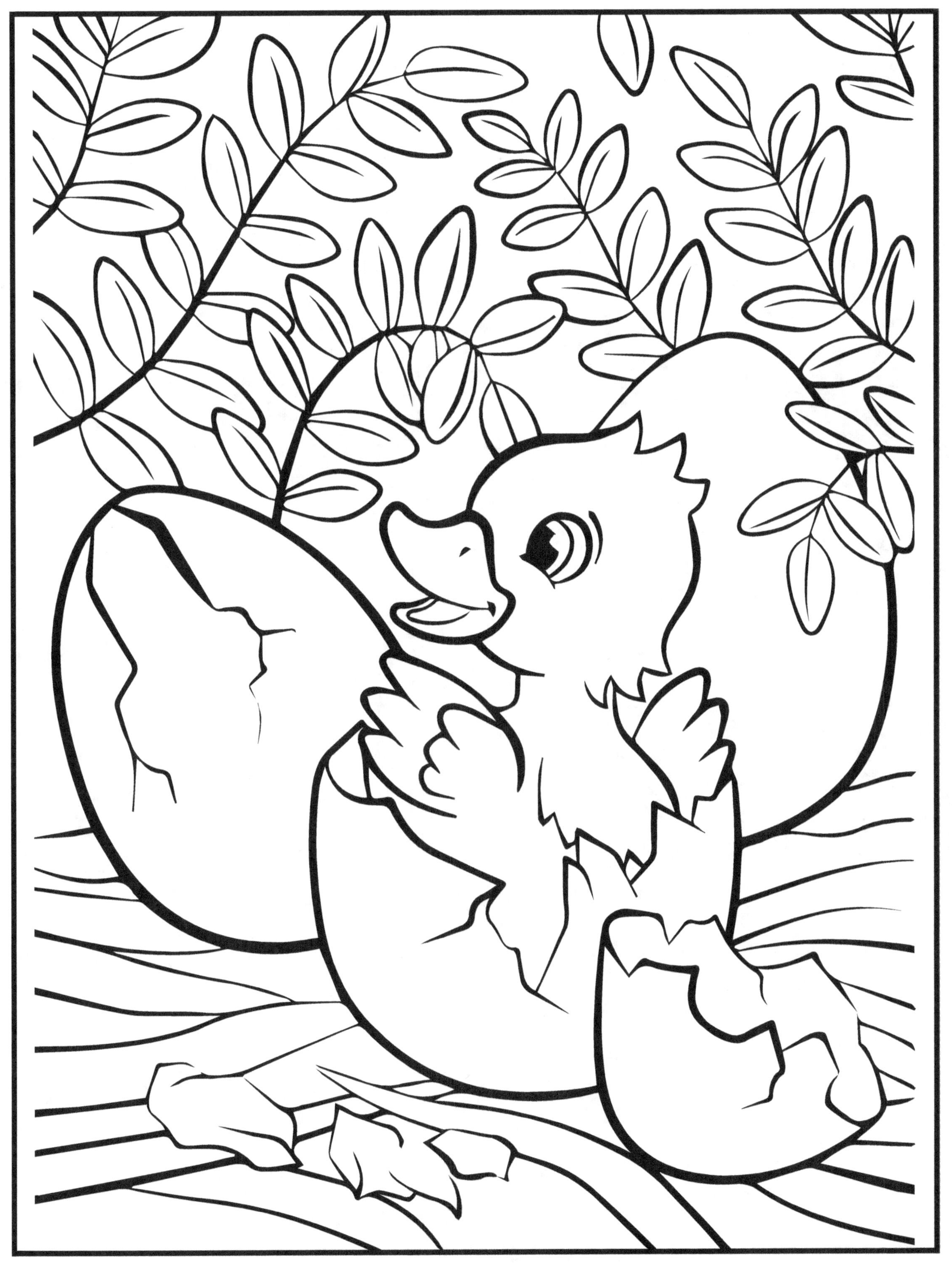

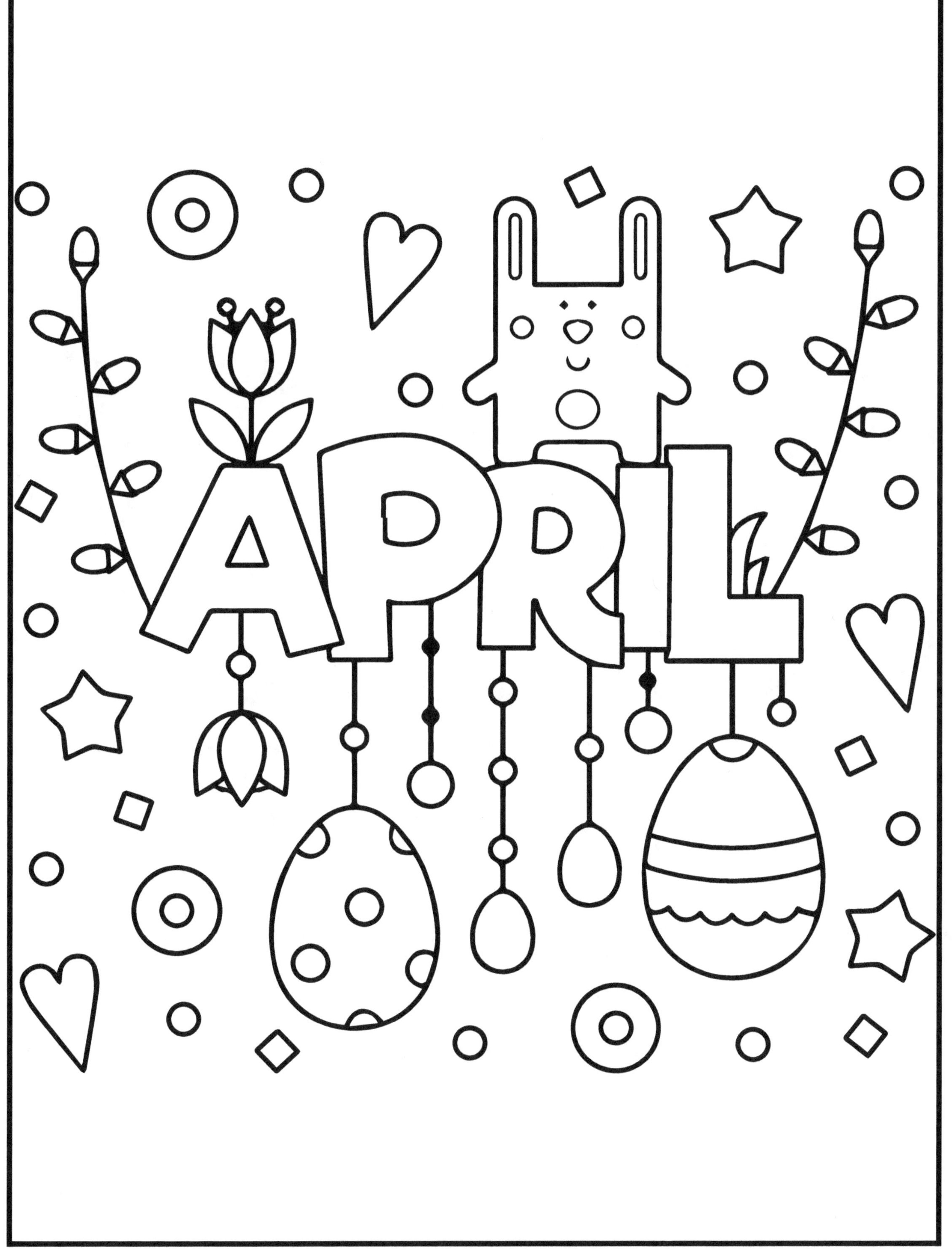
APRIL

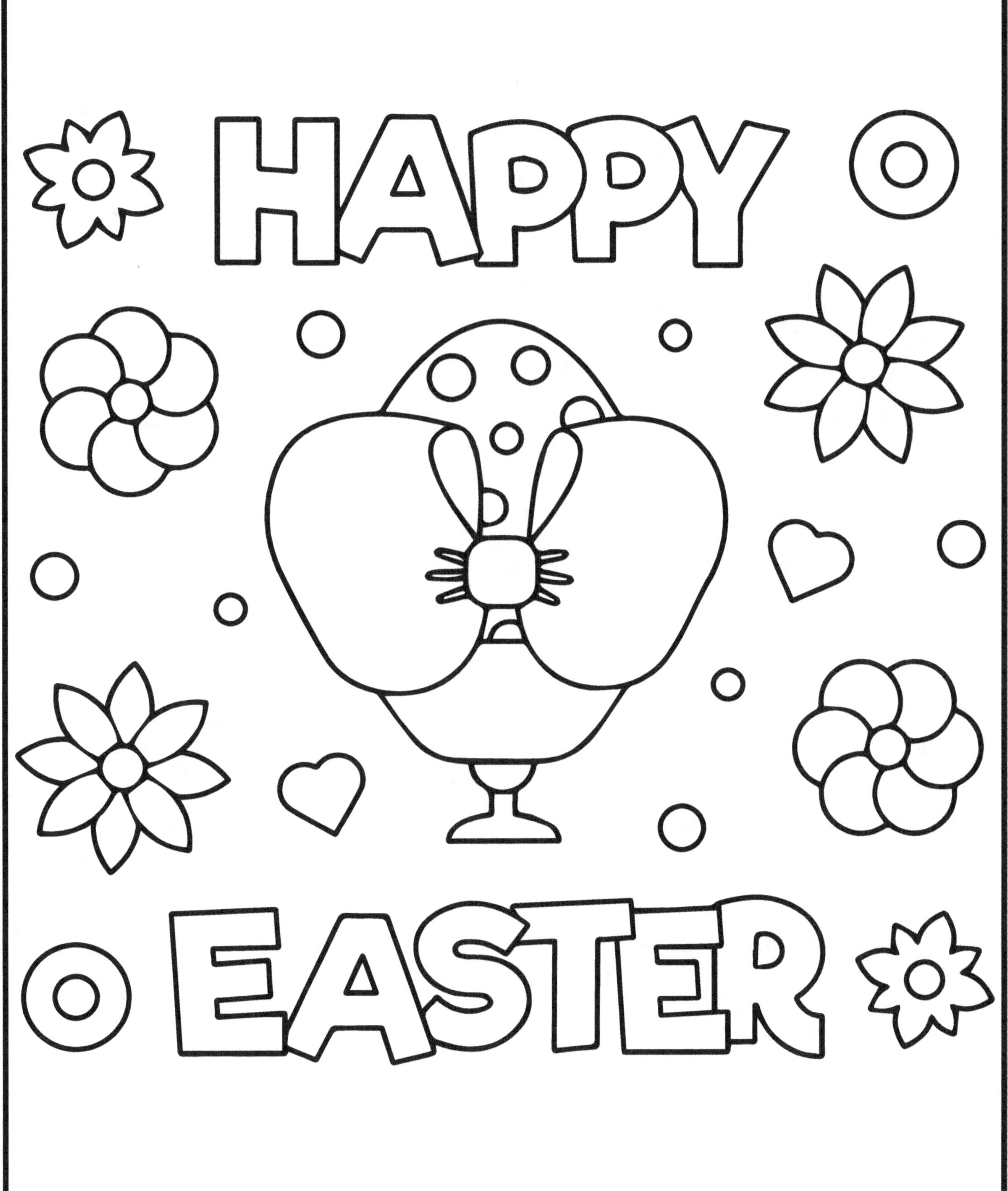

HAPPY
EASTER

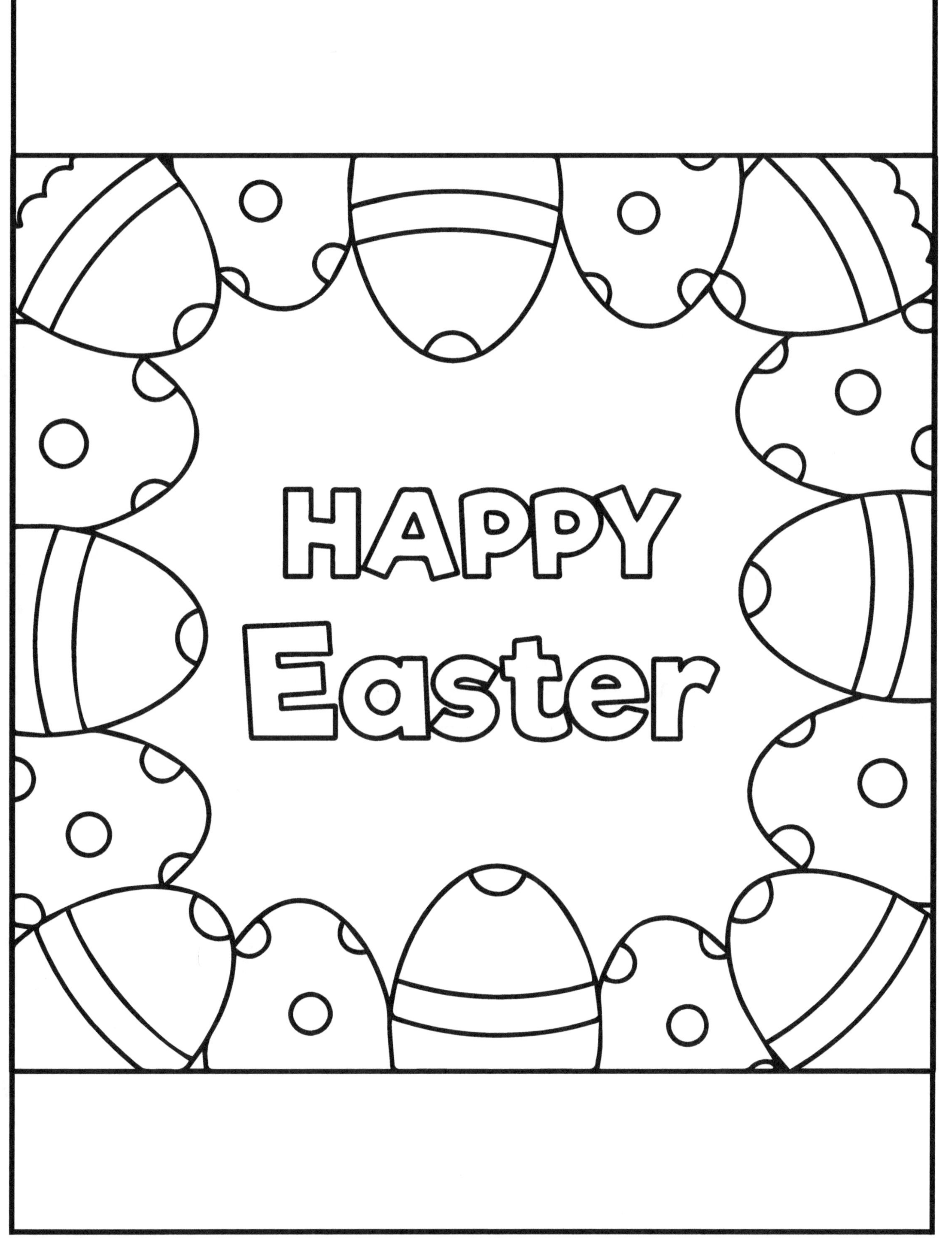
HAPPY
Easter

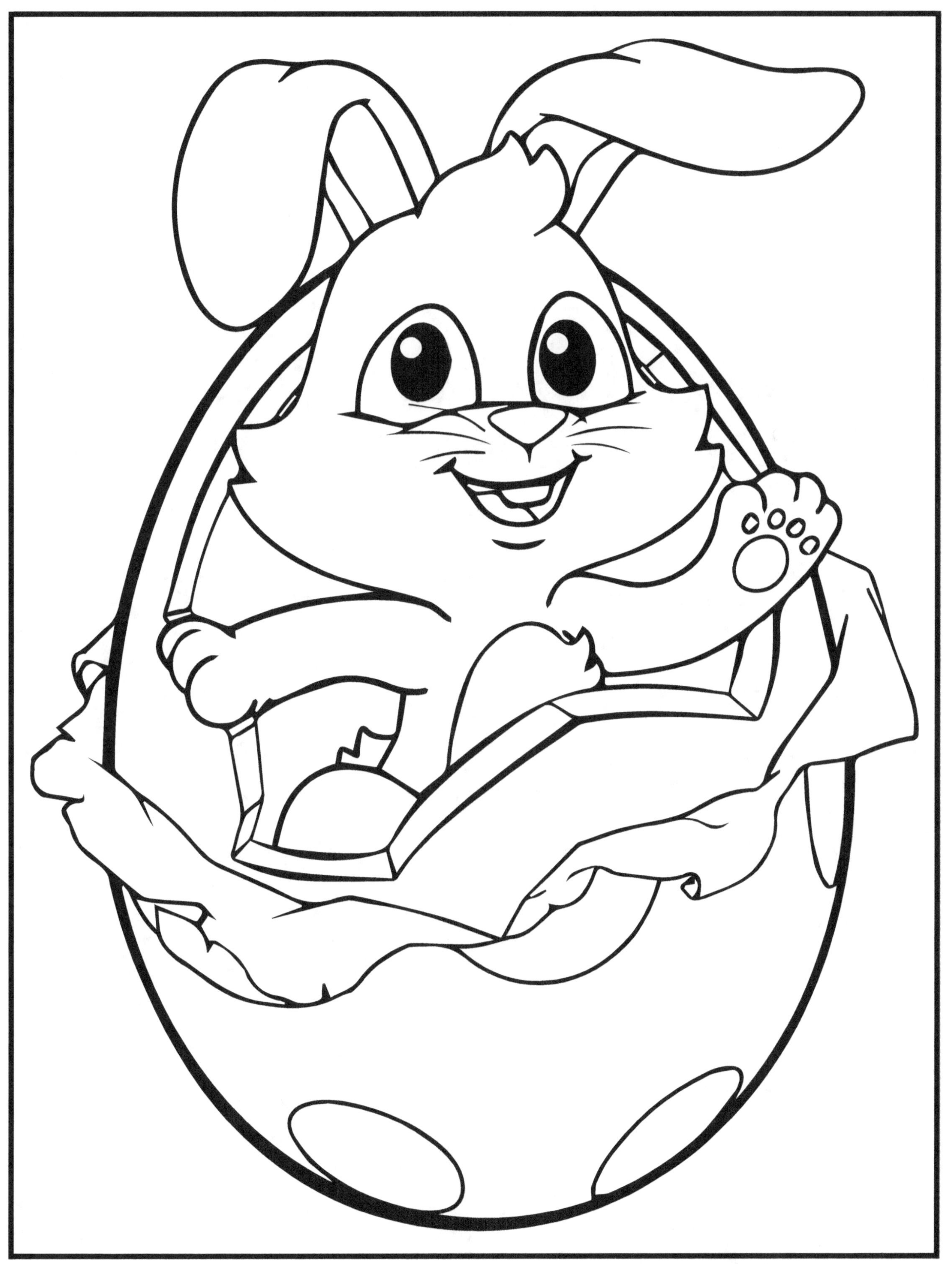

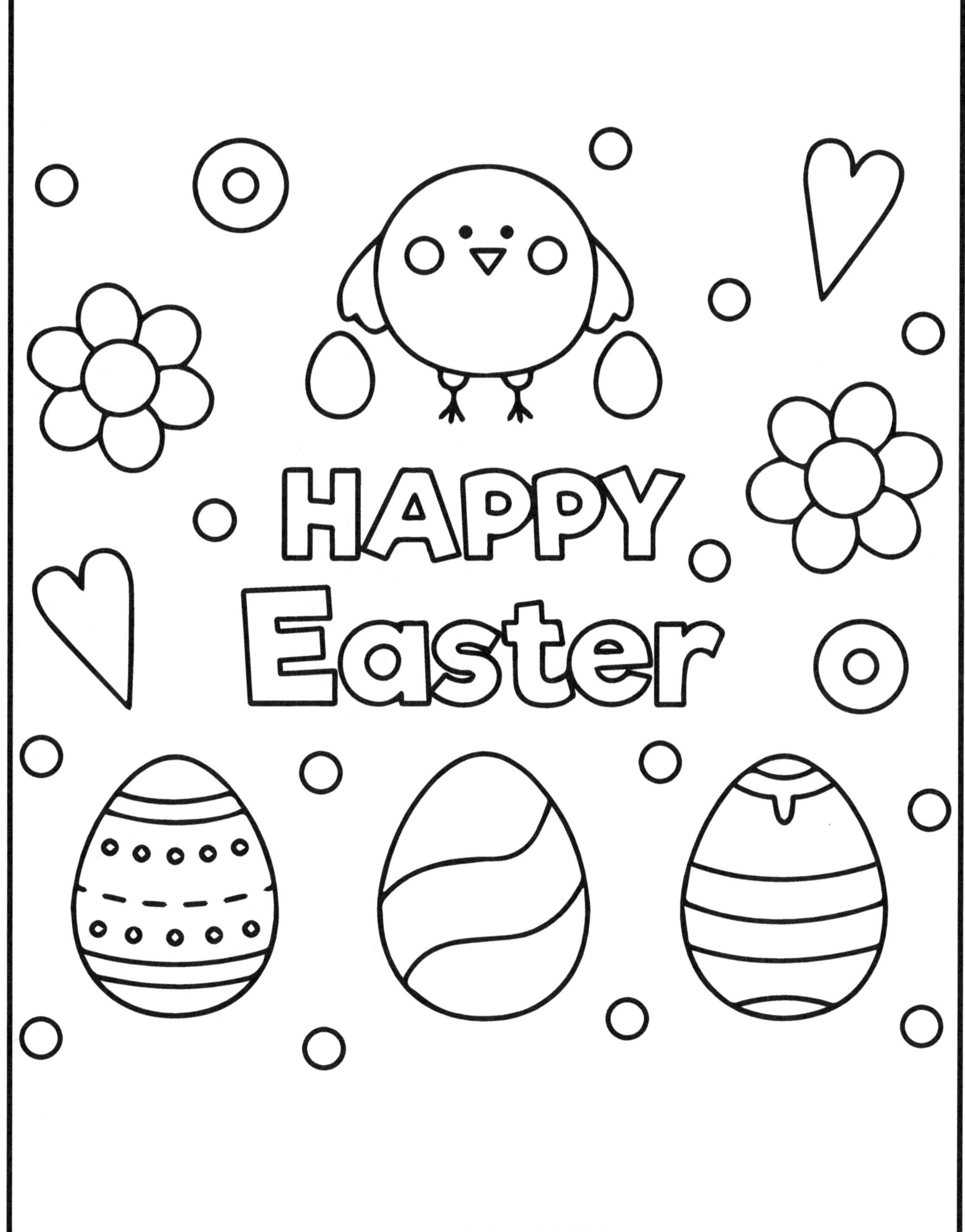

HAPPY
Easter

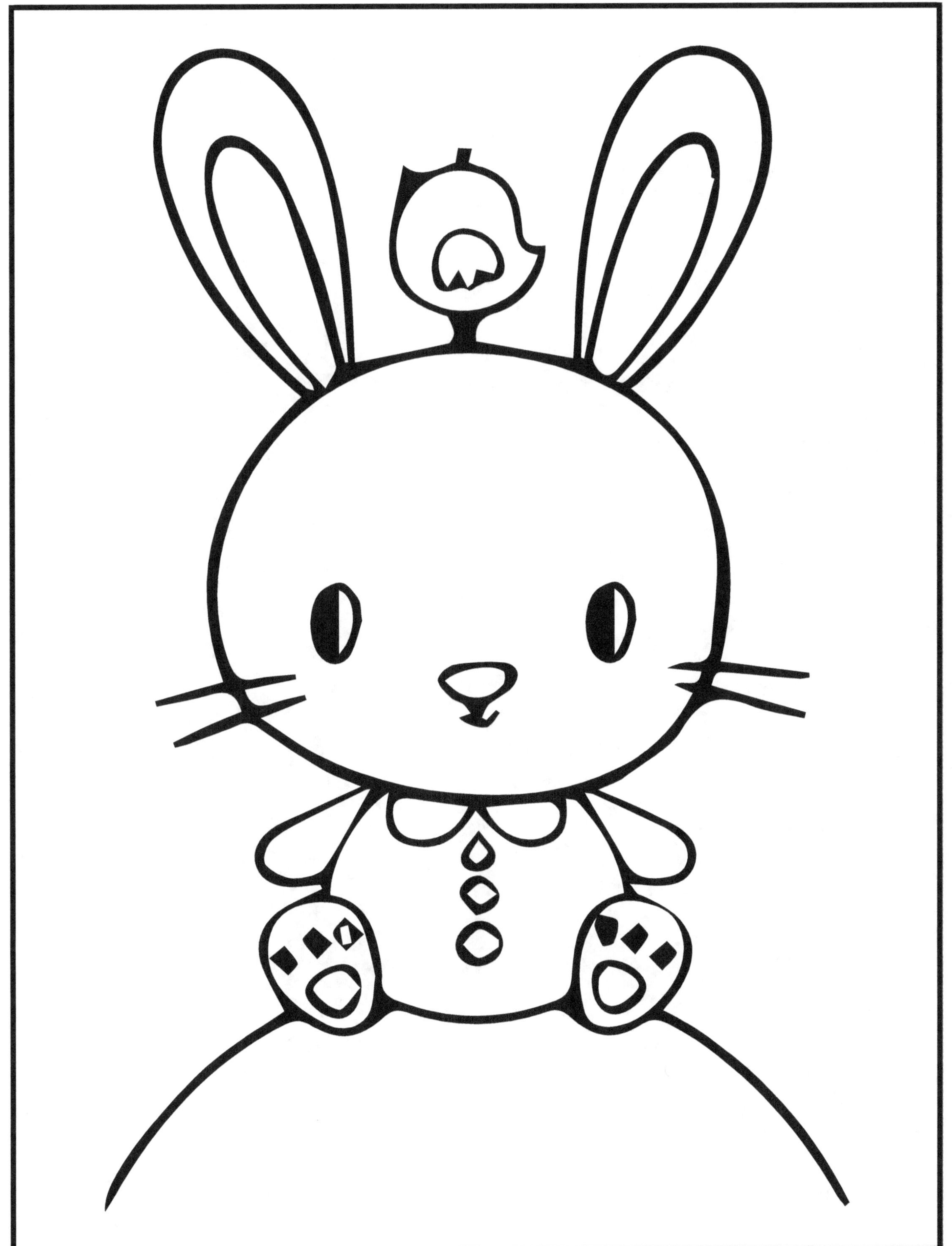

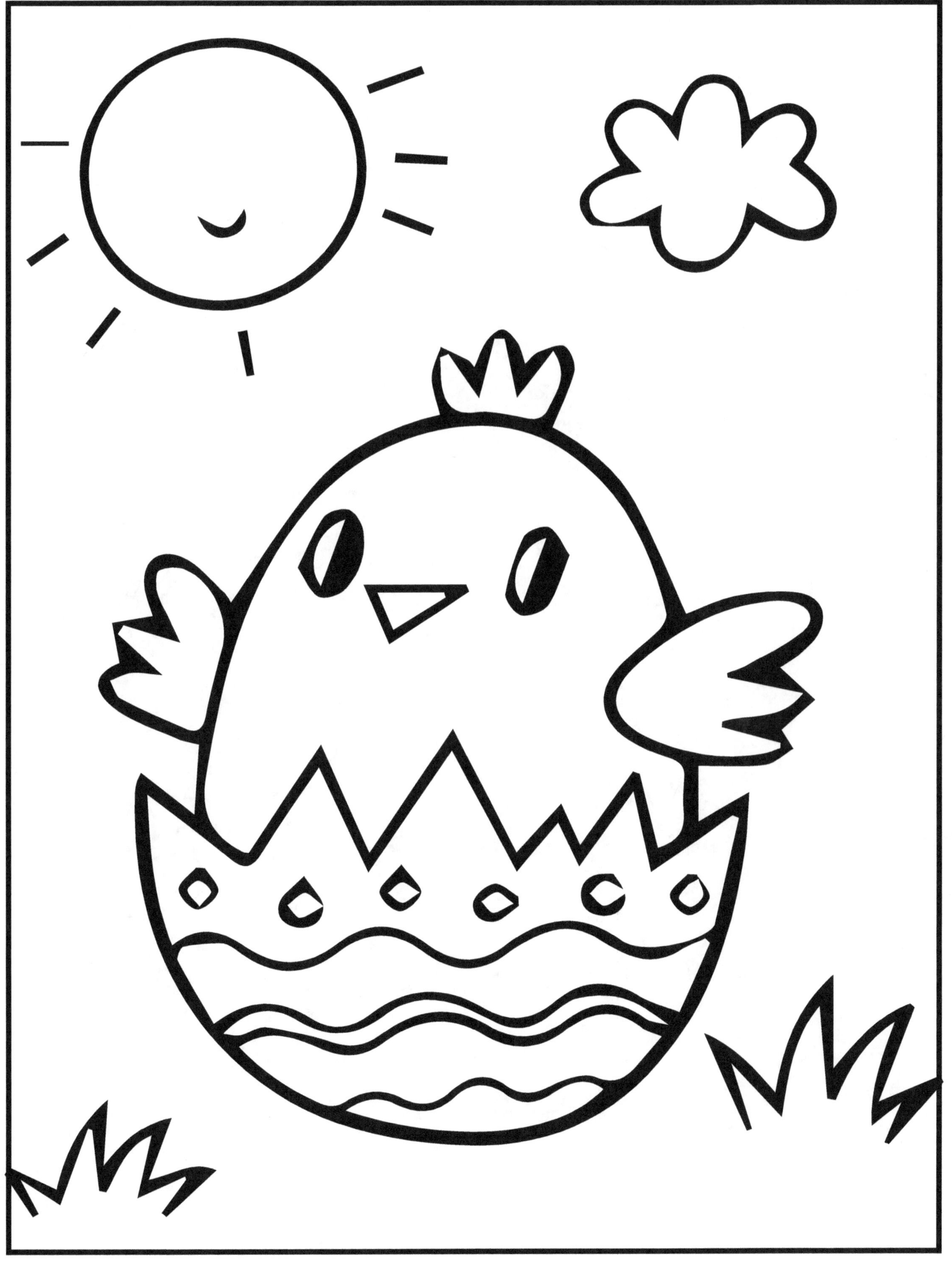

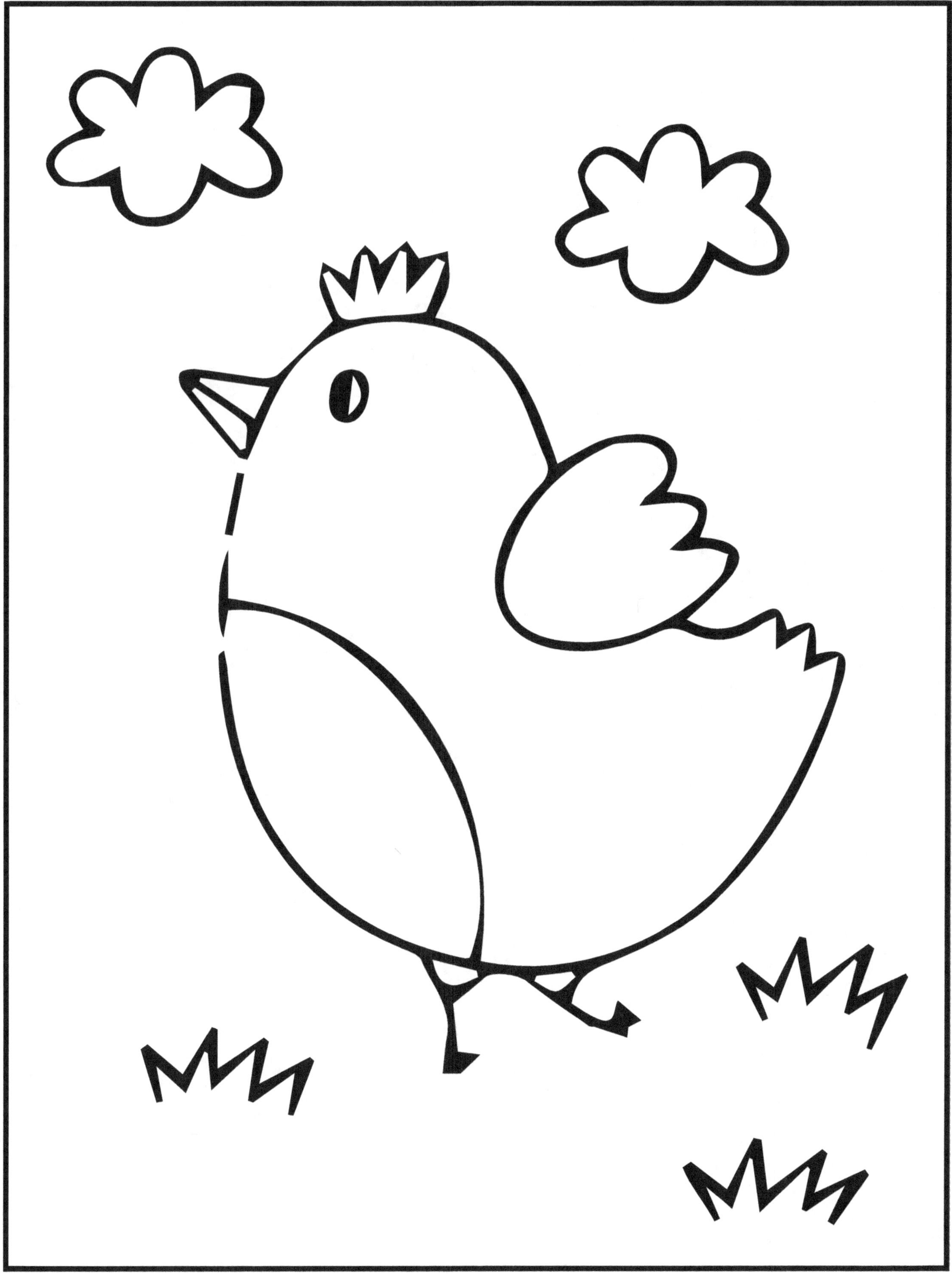

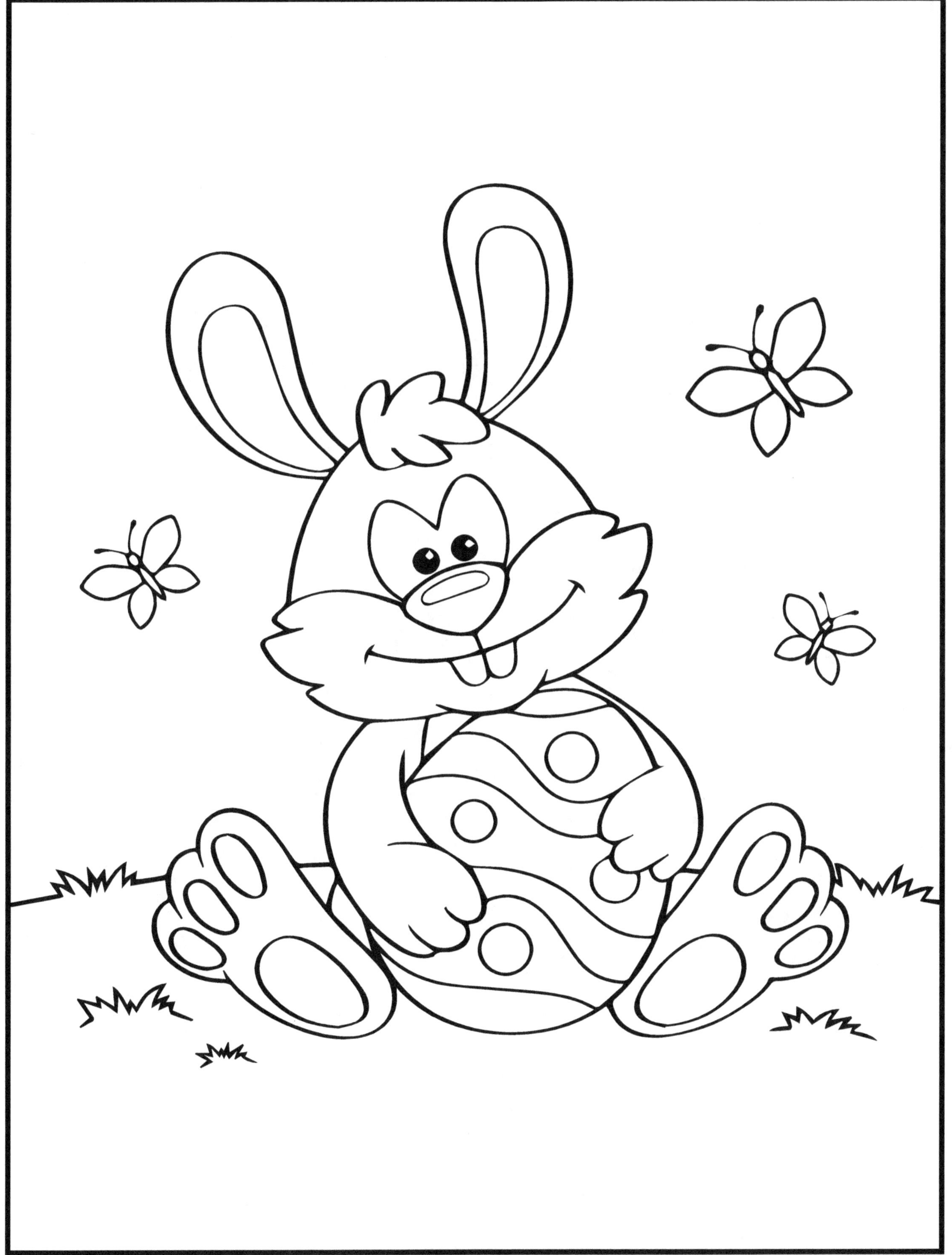

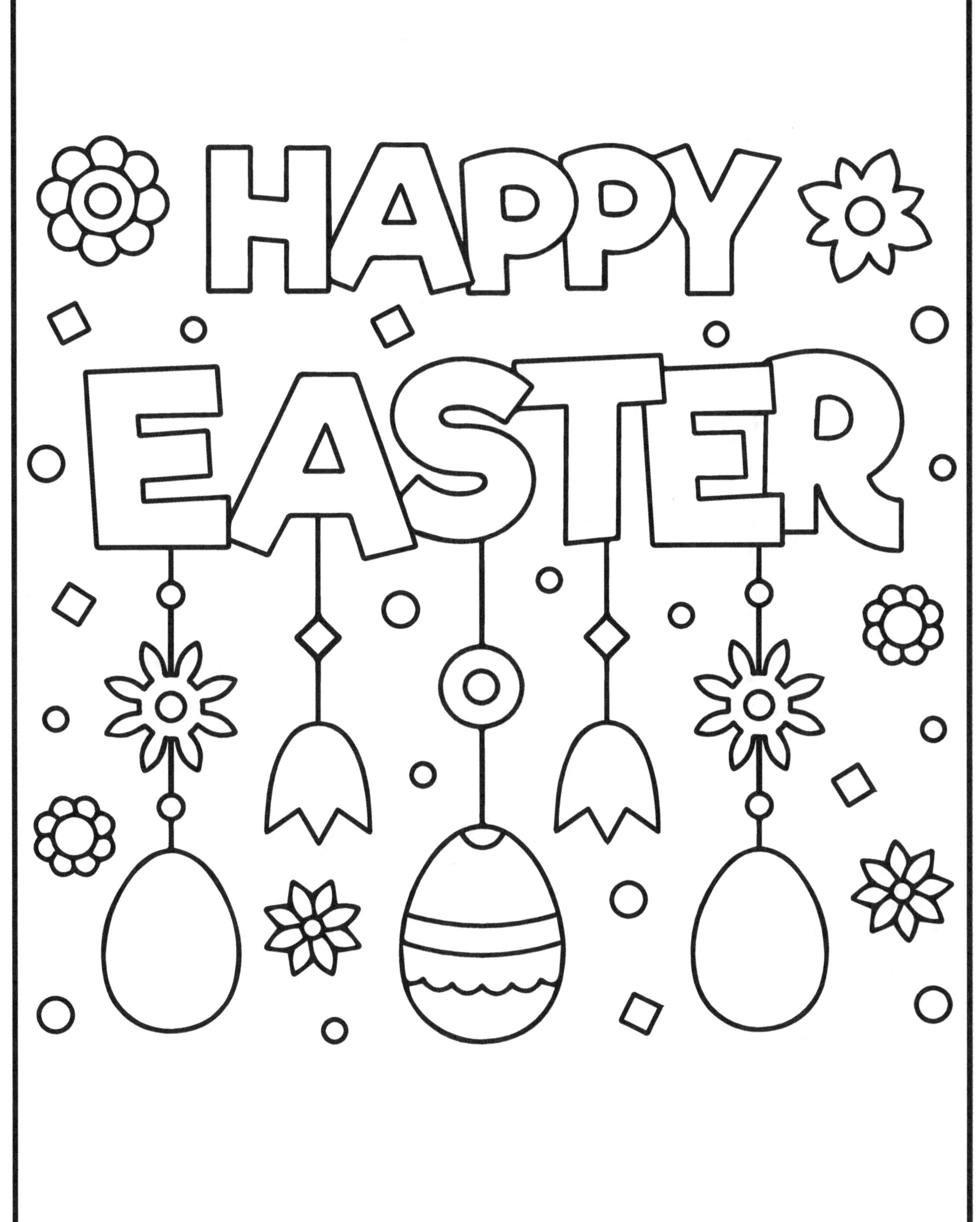

HAPPY EASTER

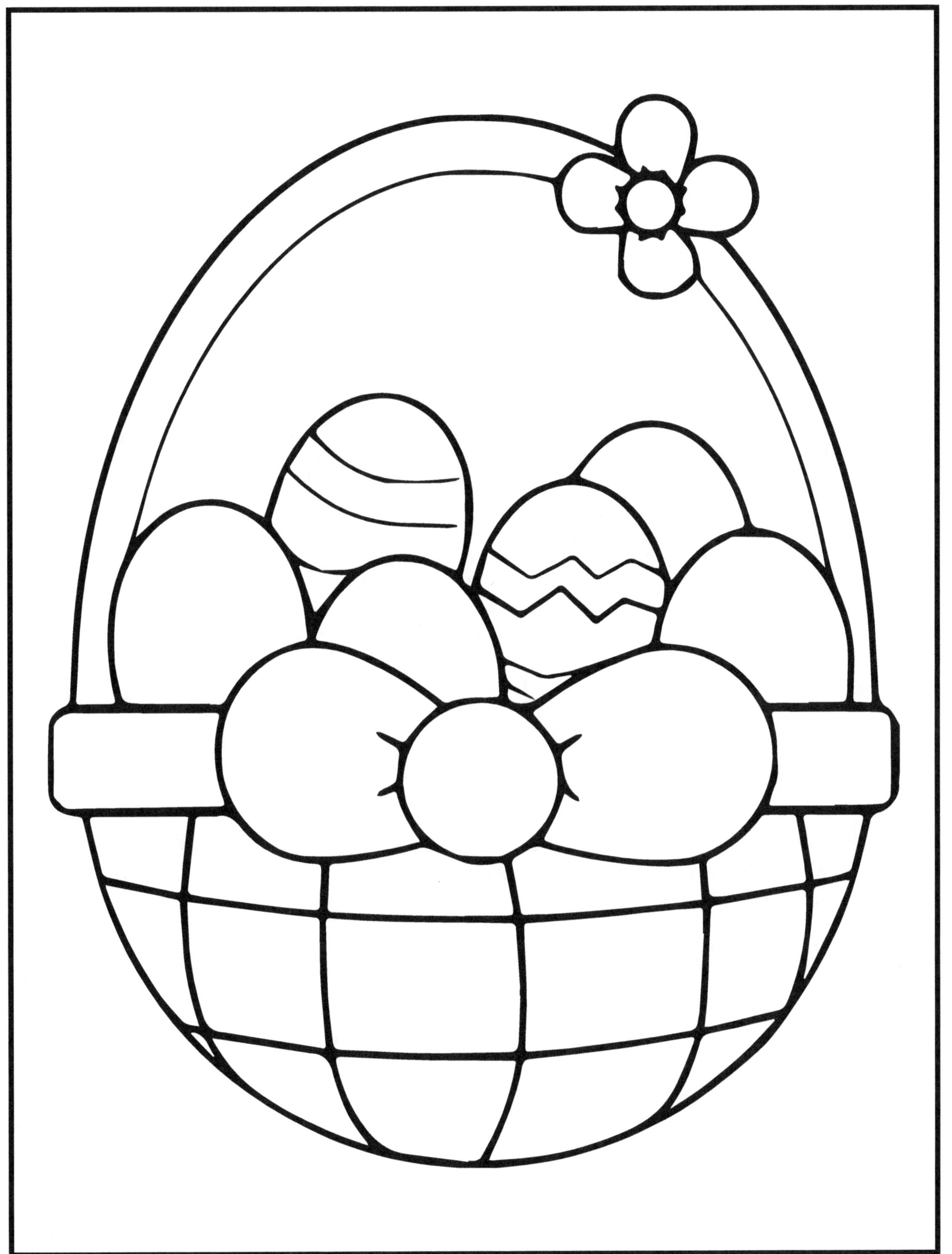

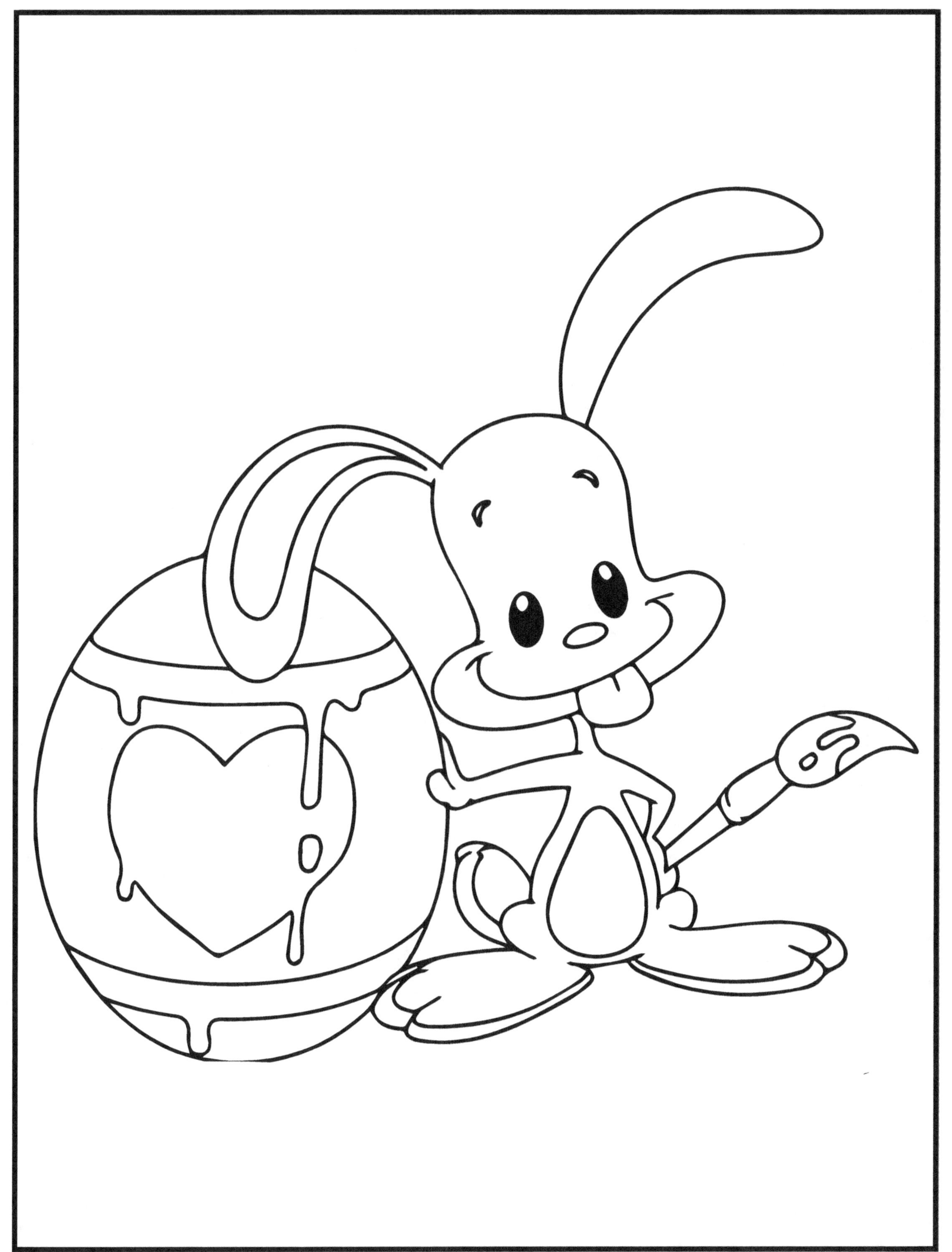

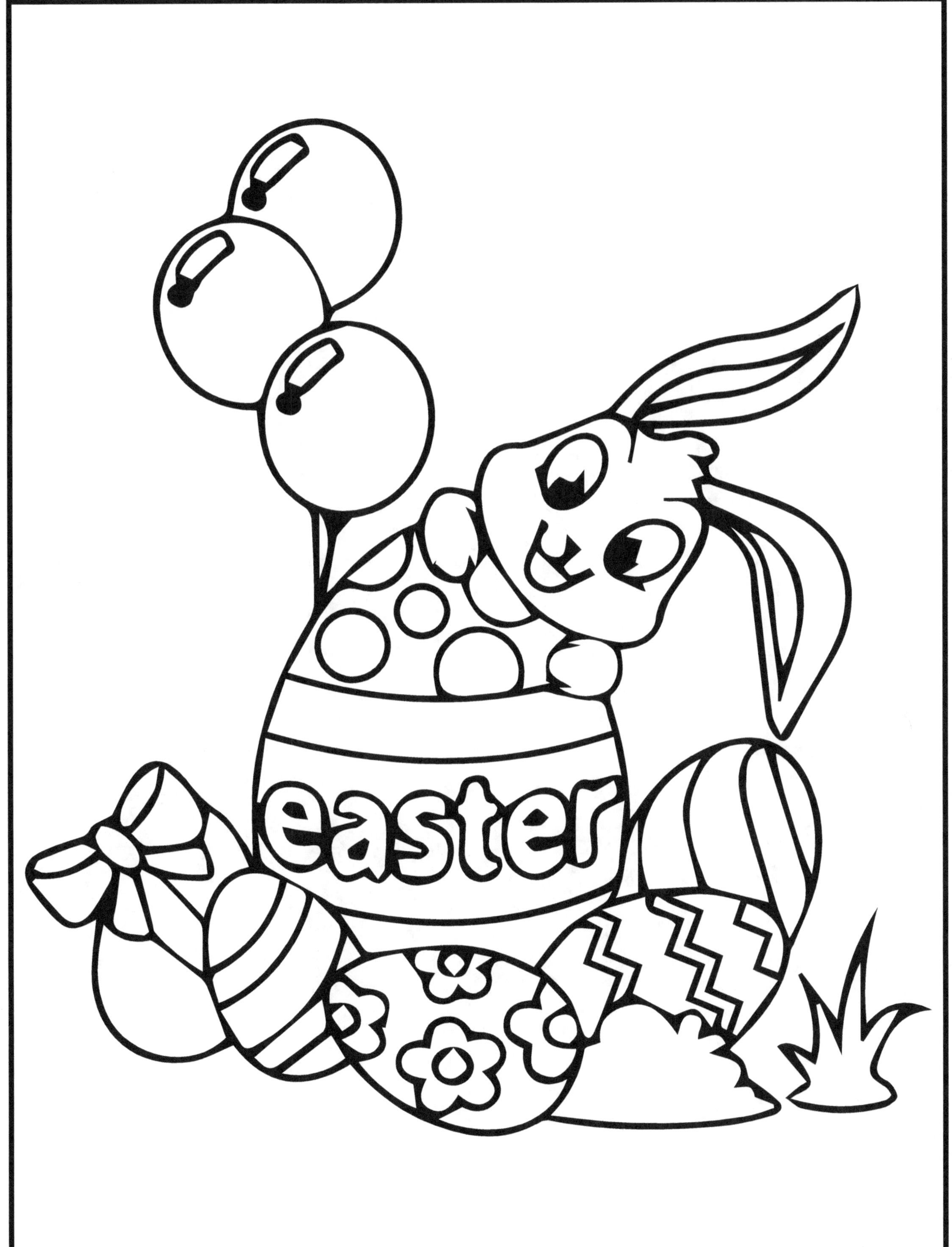
easter

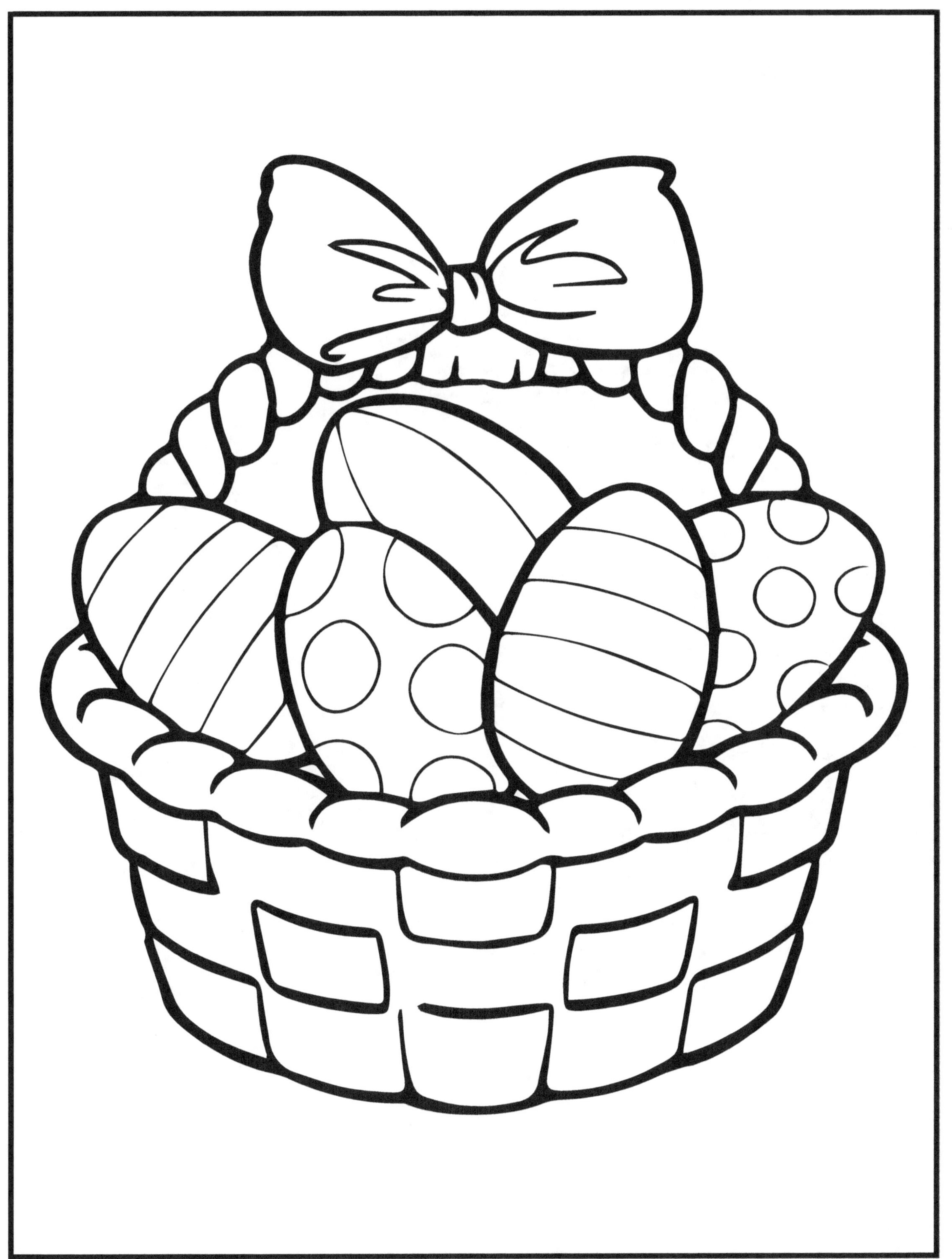

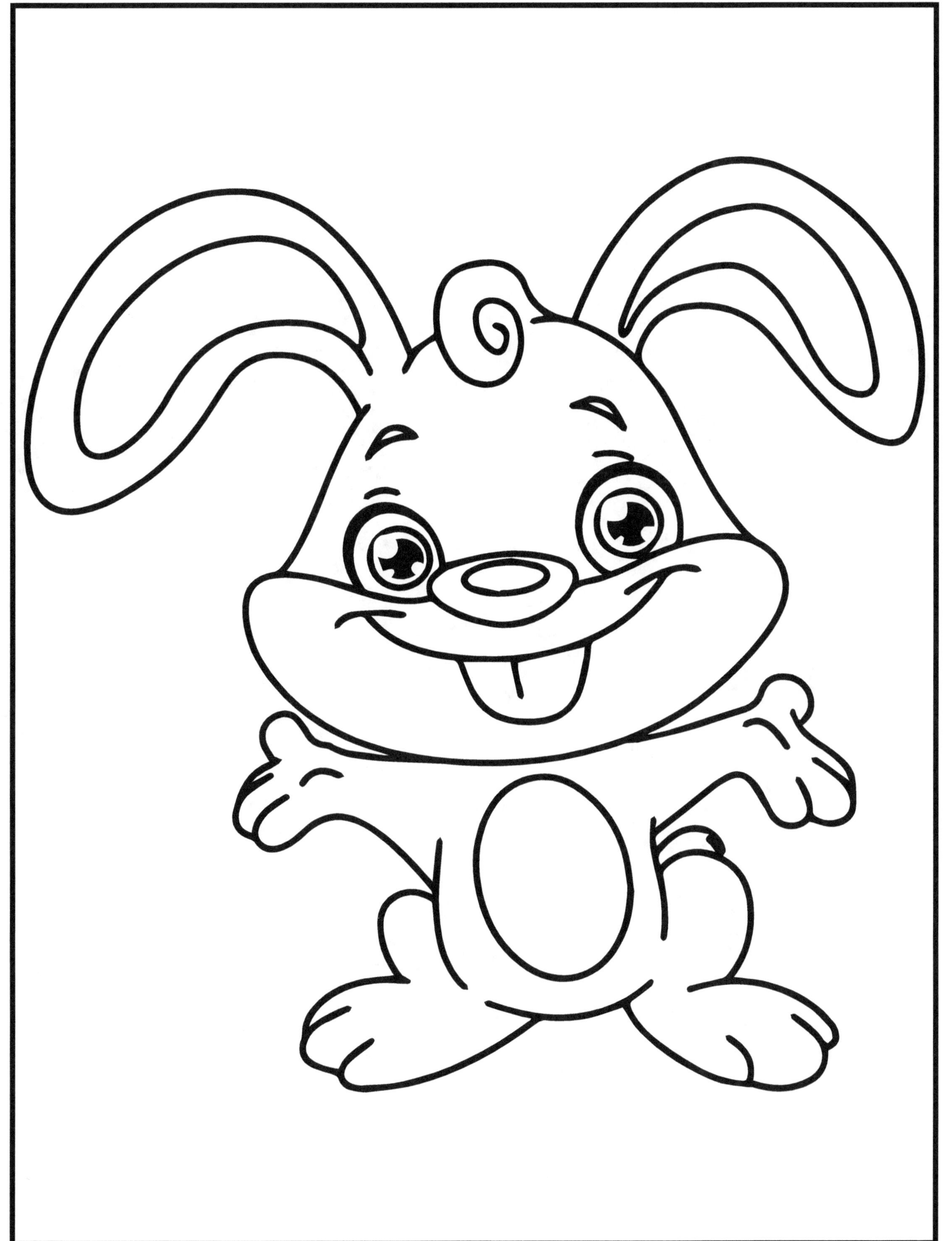

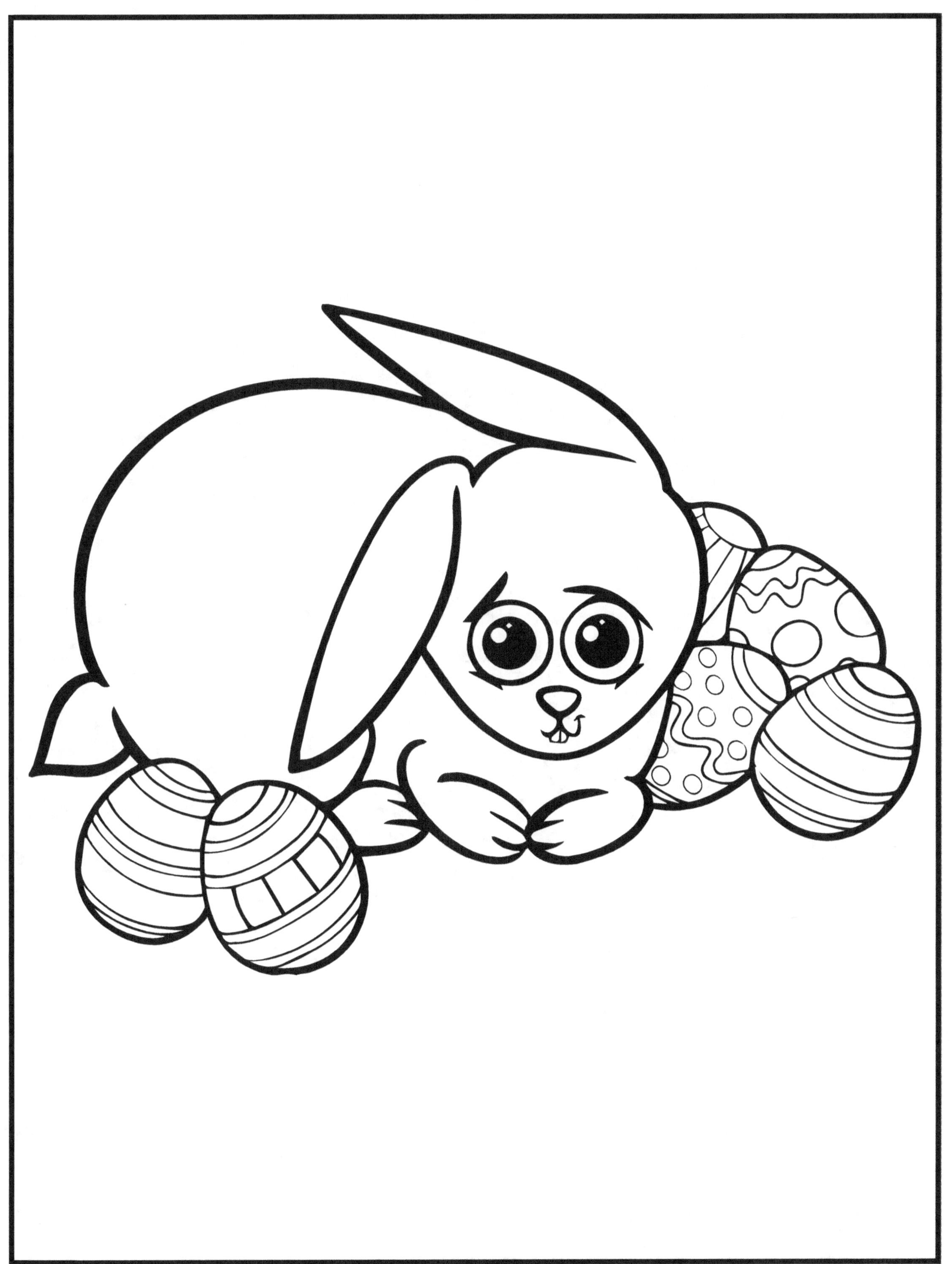

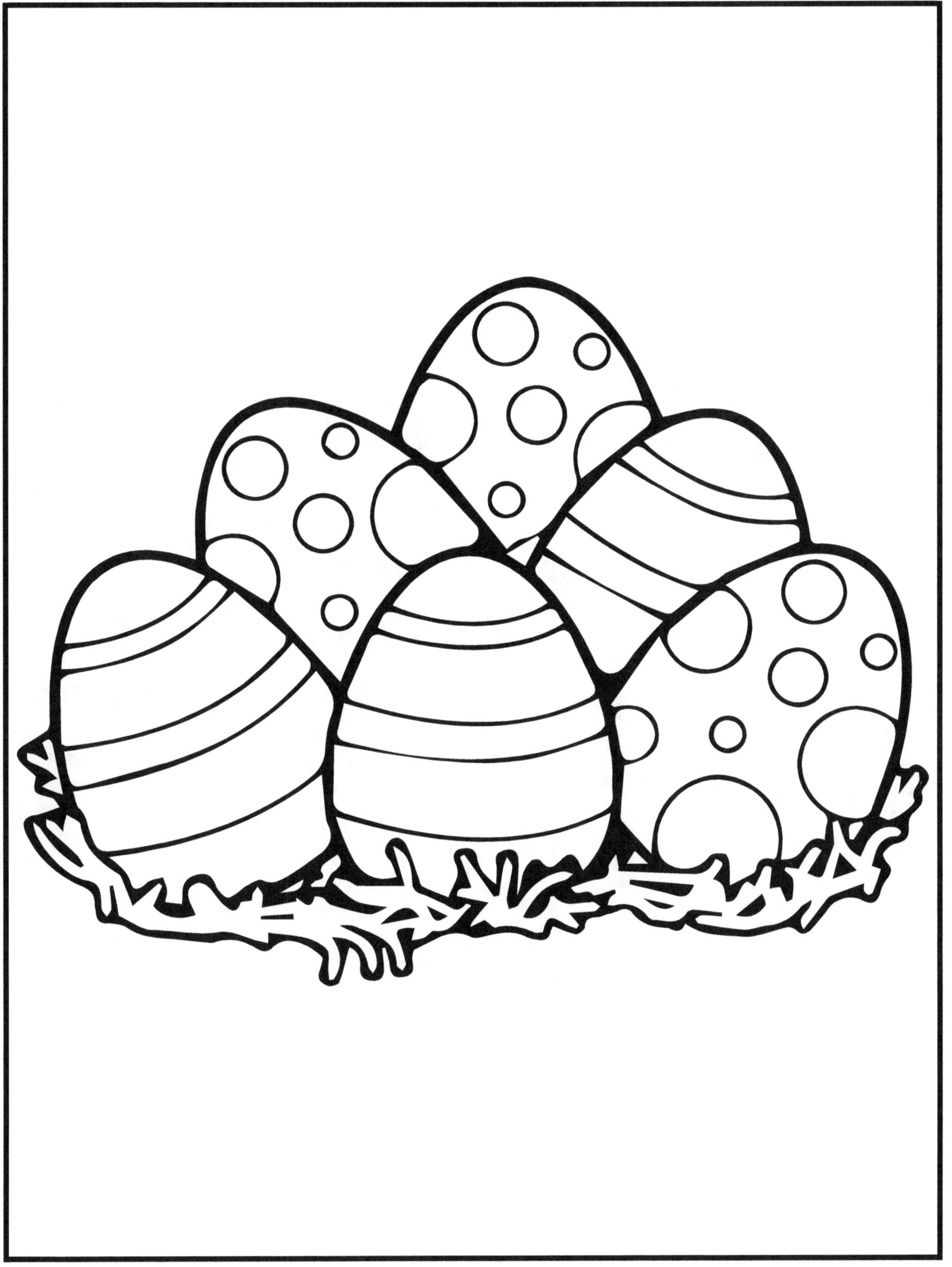

HAPPY
EASTER

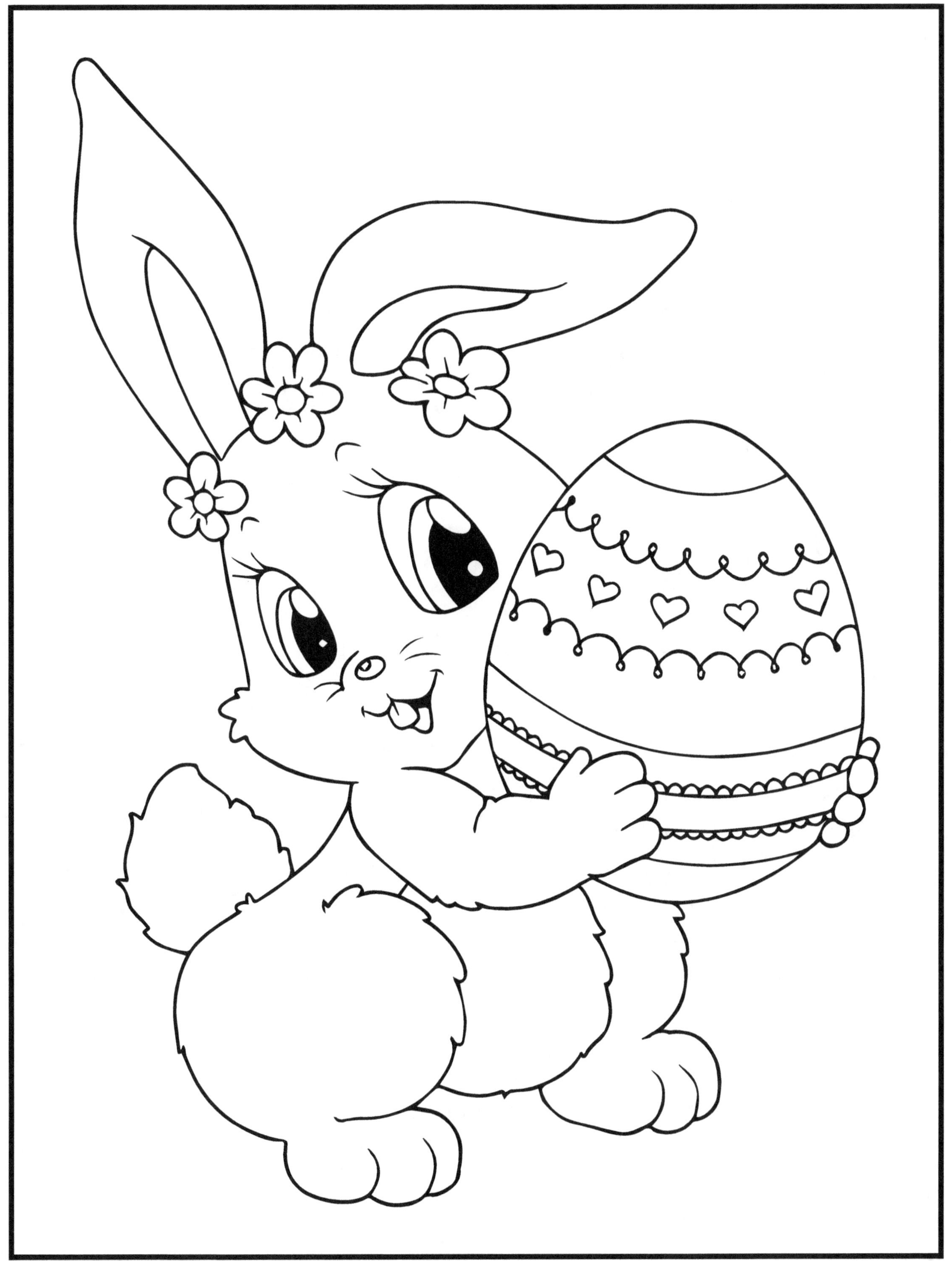

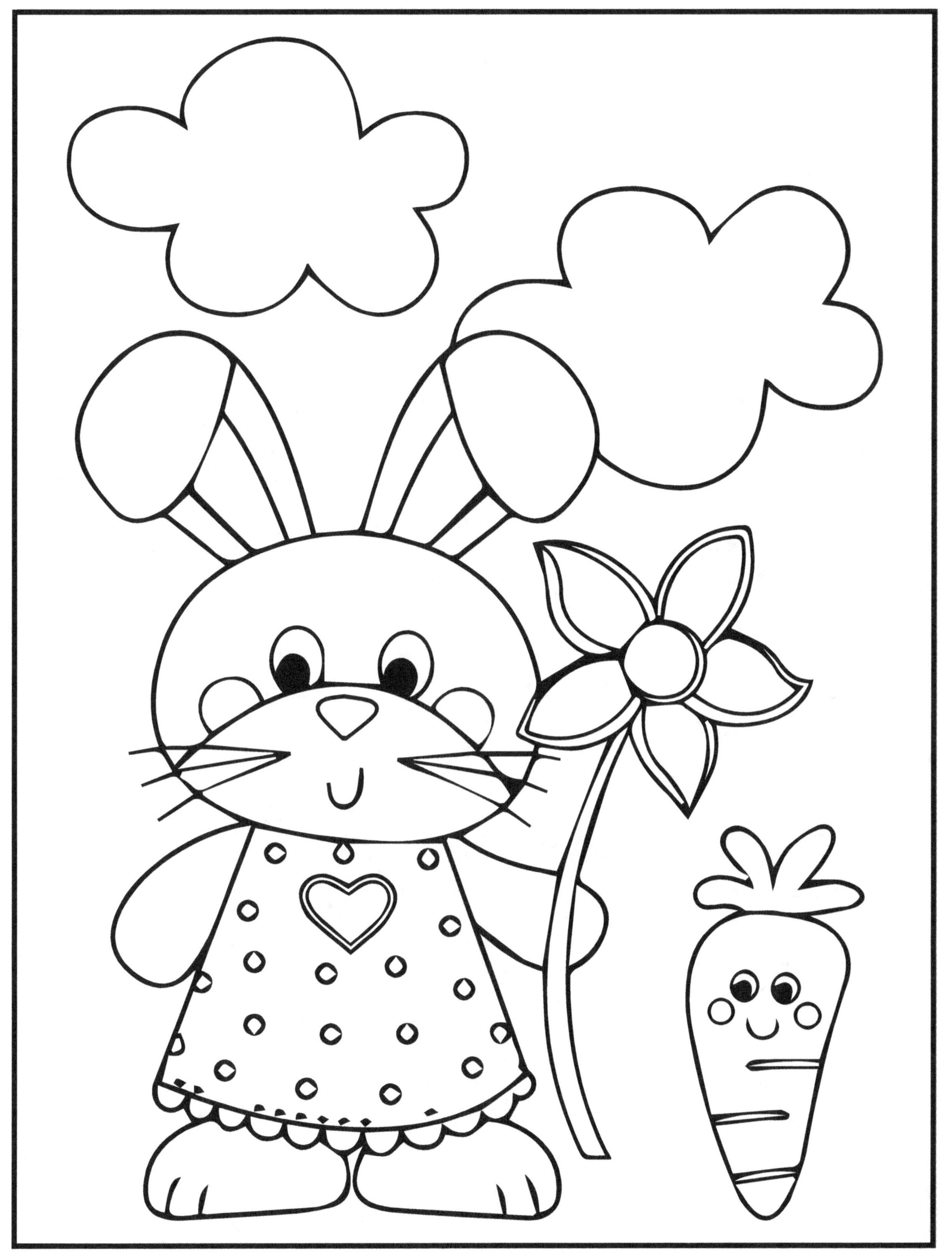

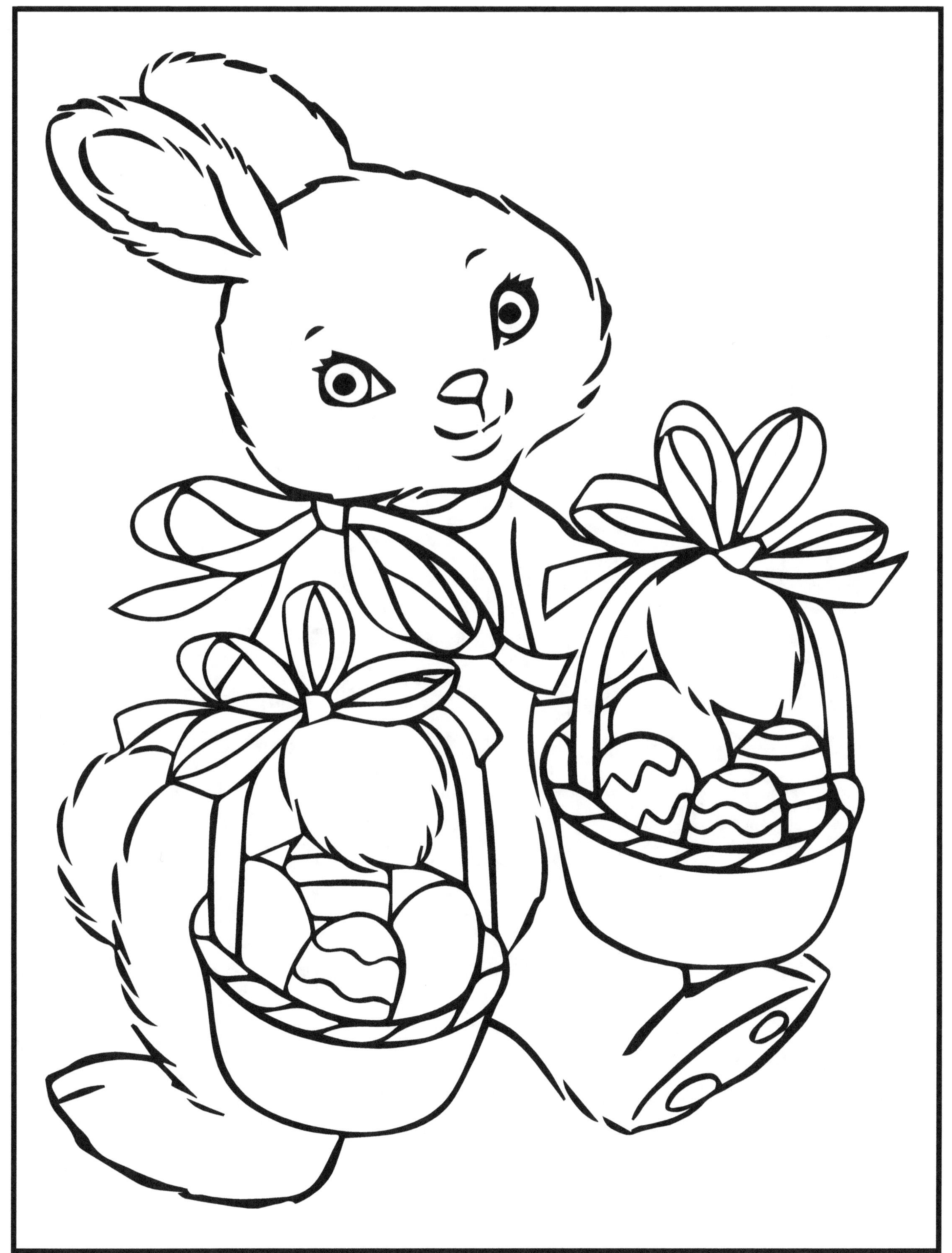

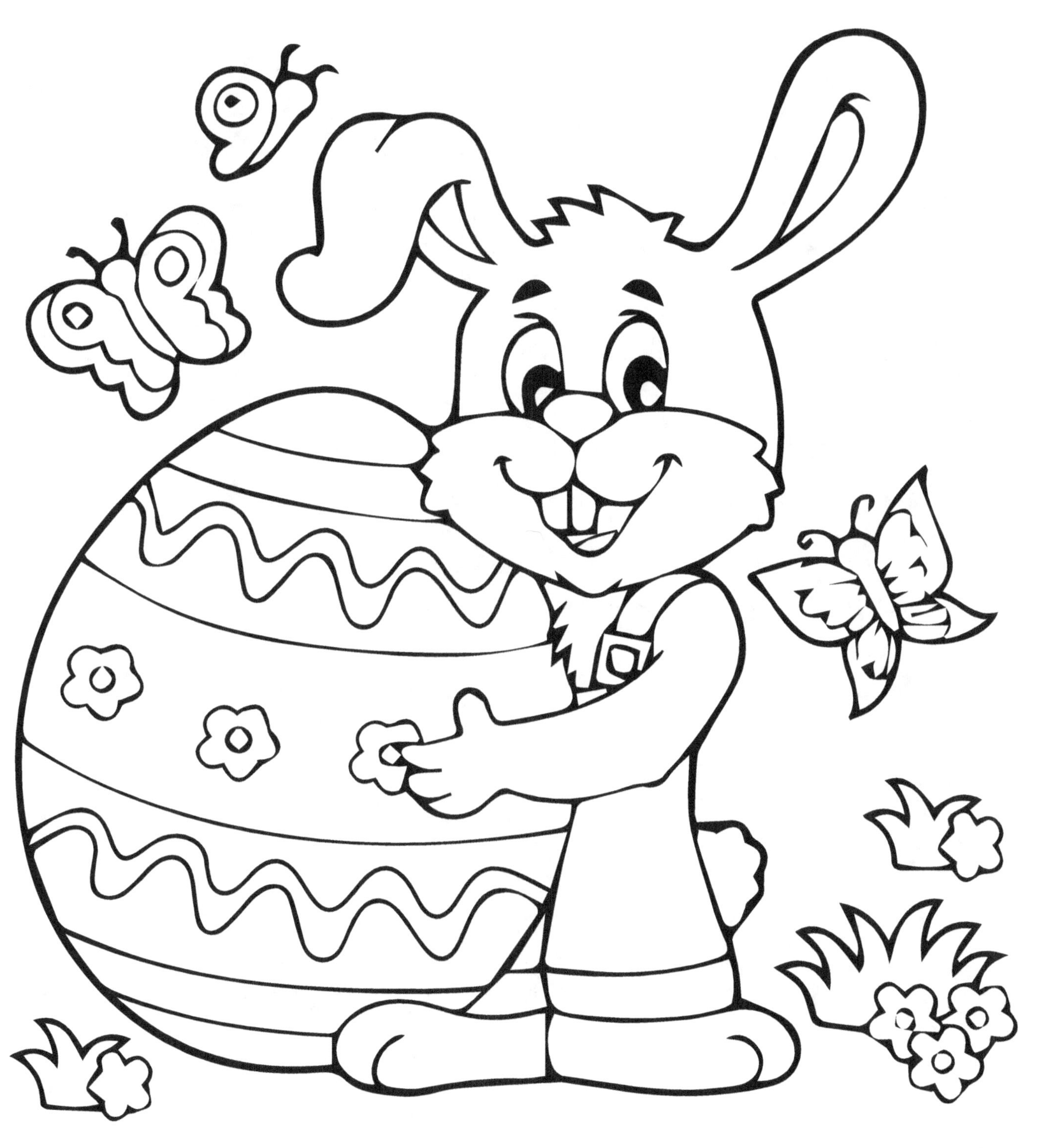

Happy Easter!

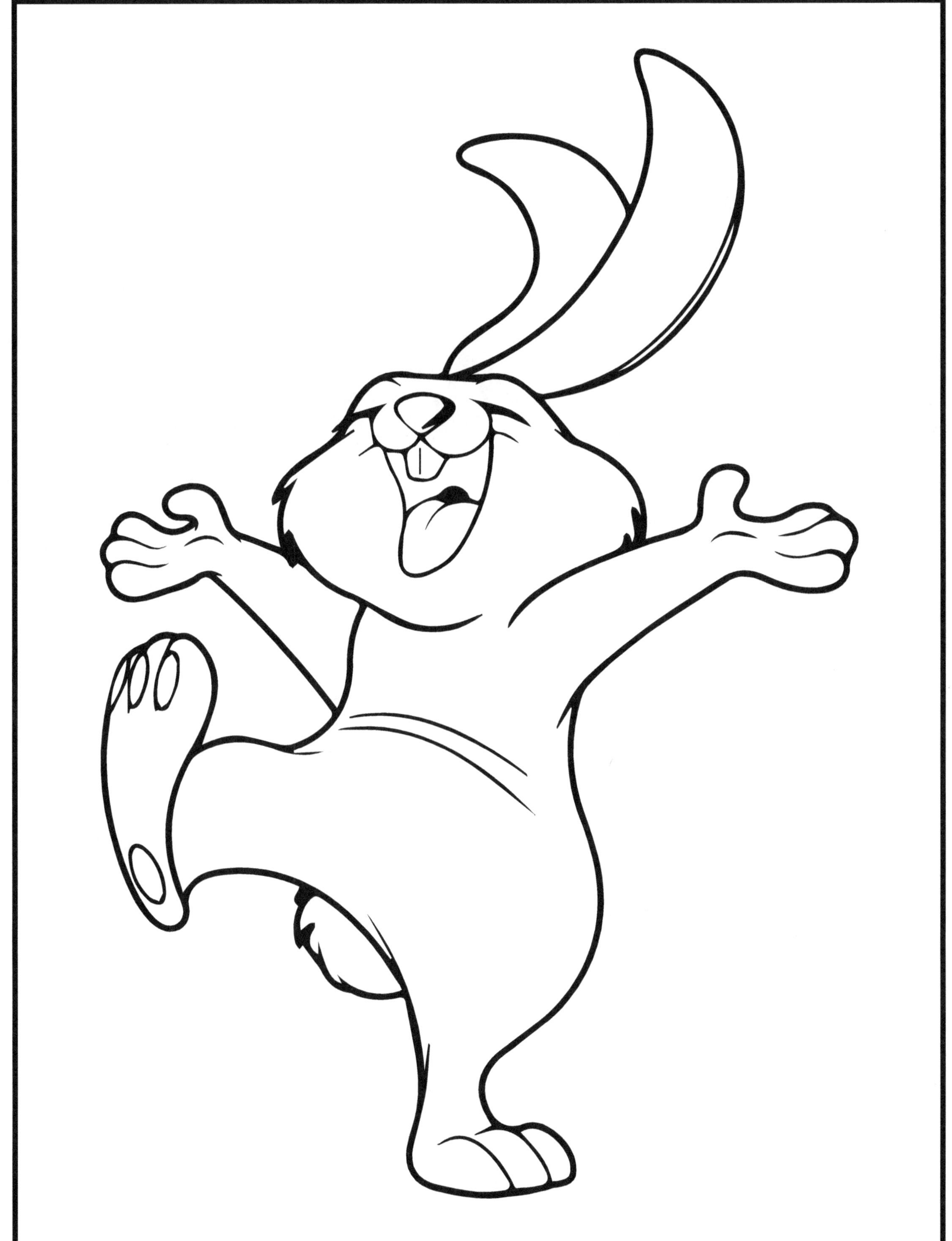

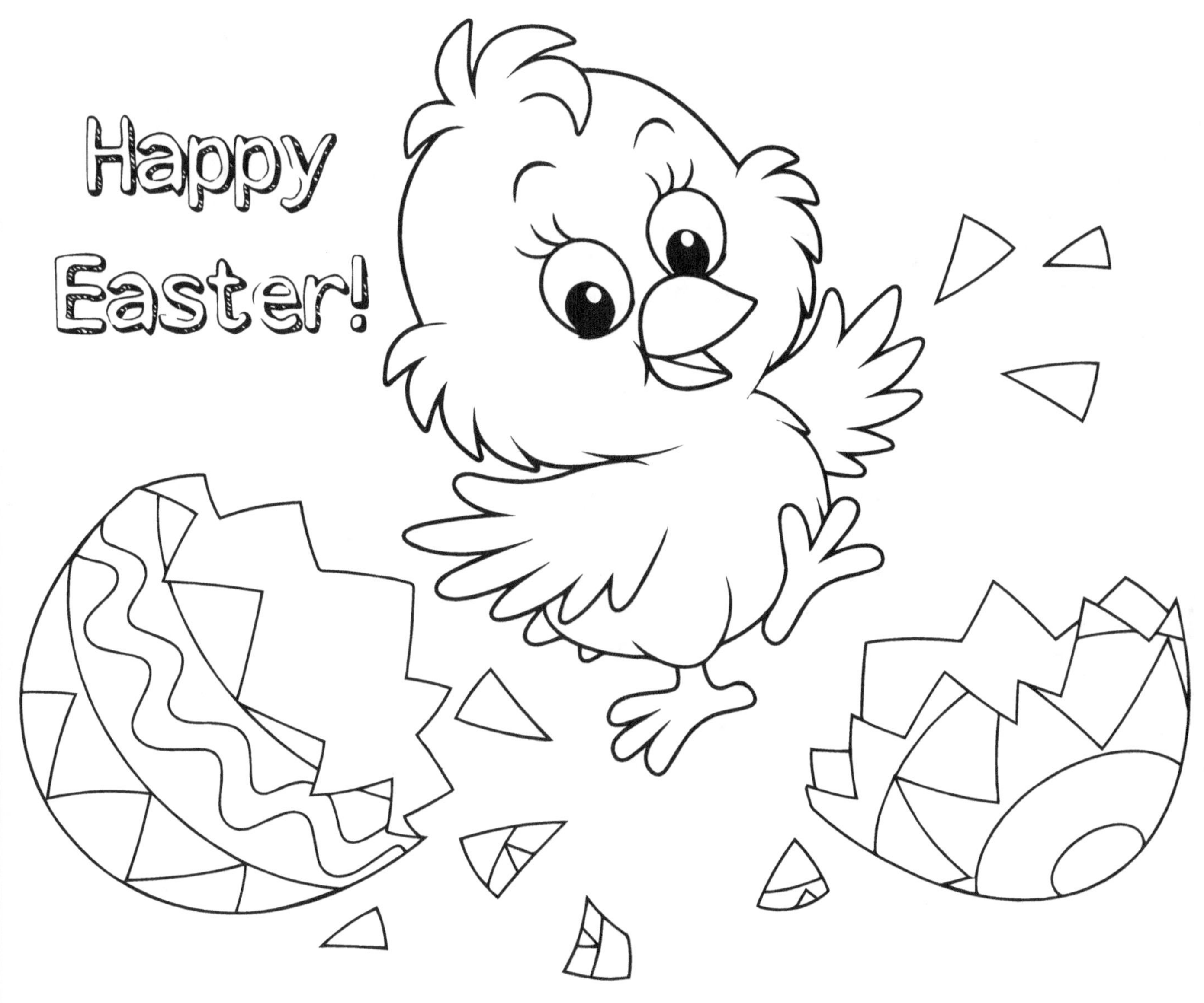

Happy
Easter!

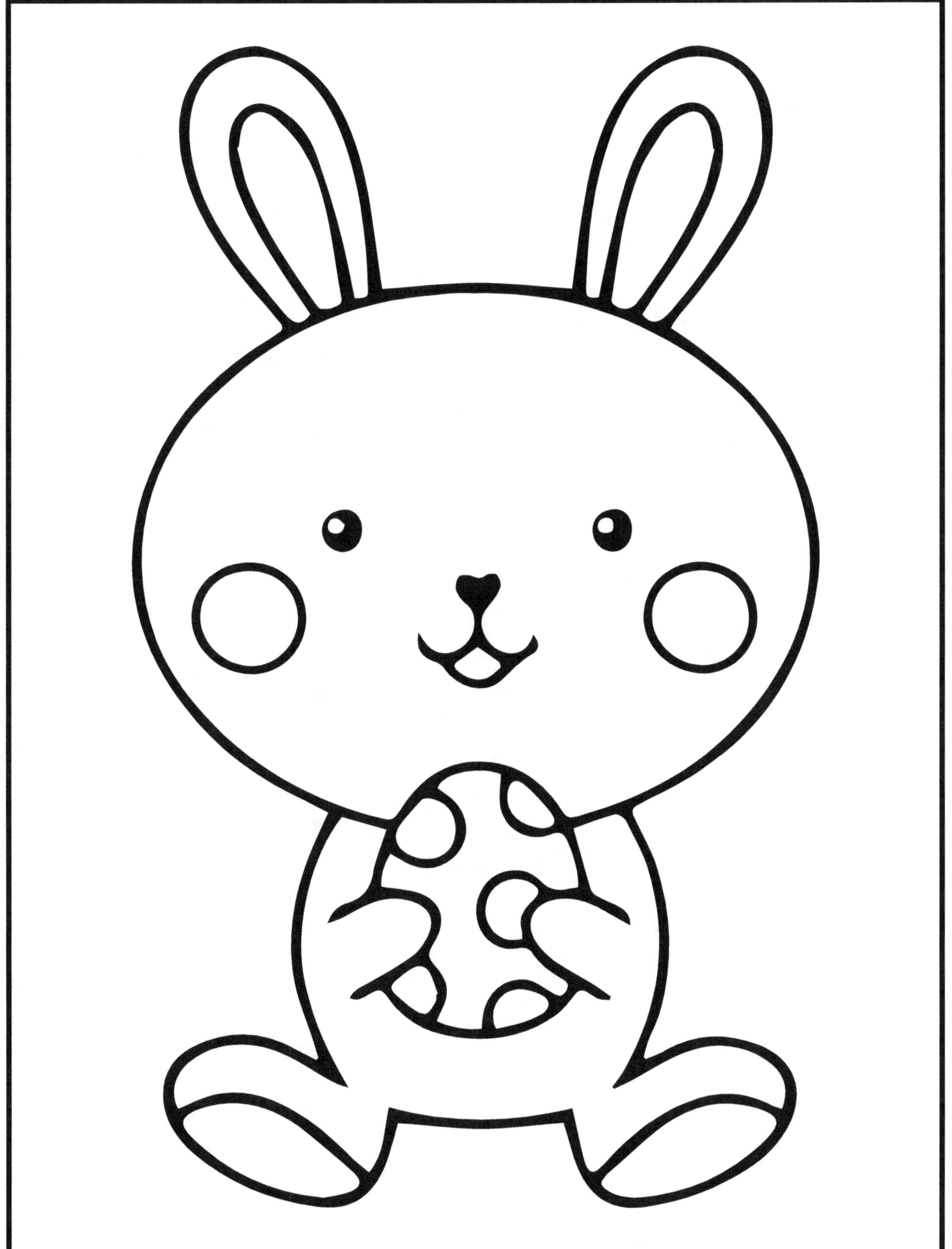

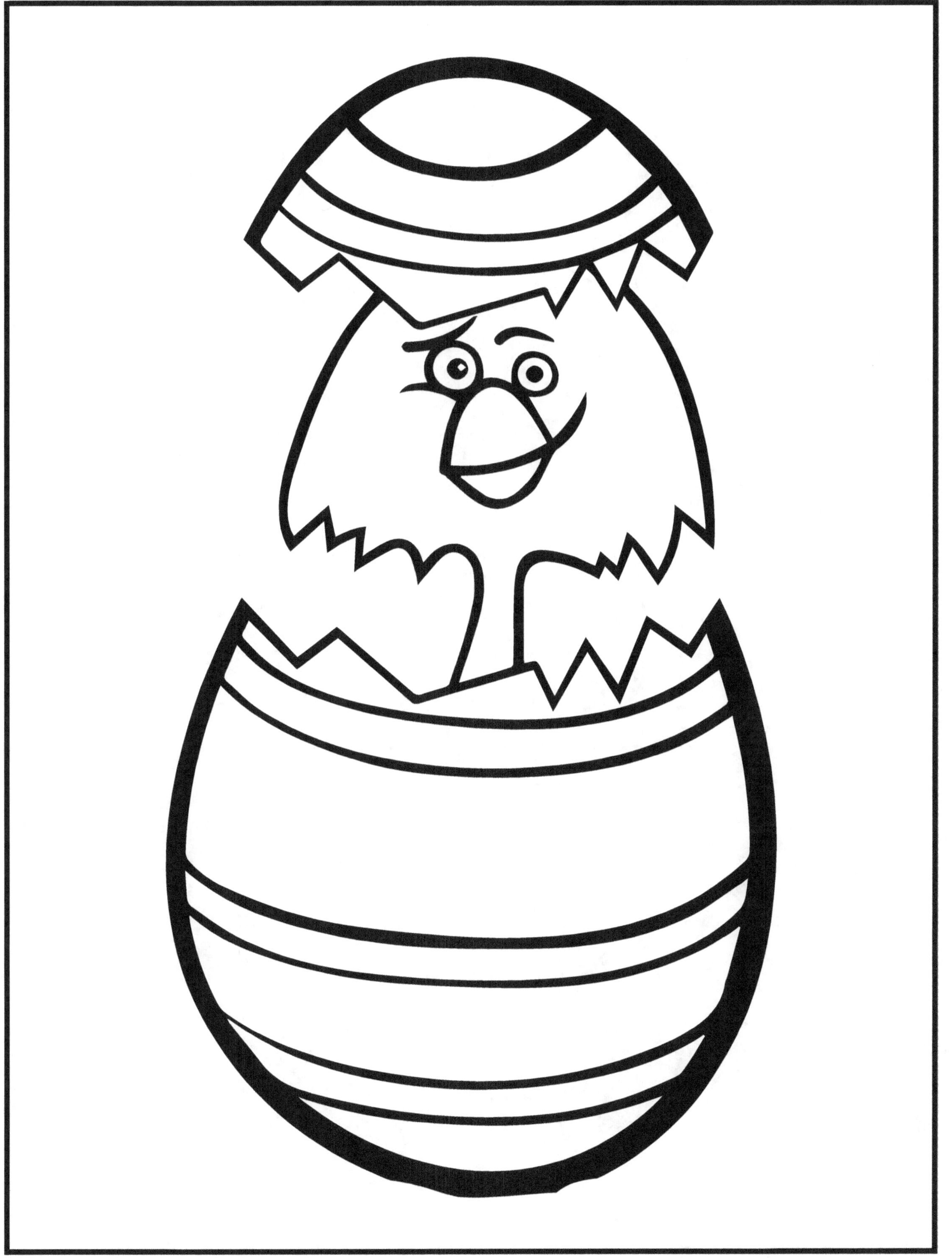

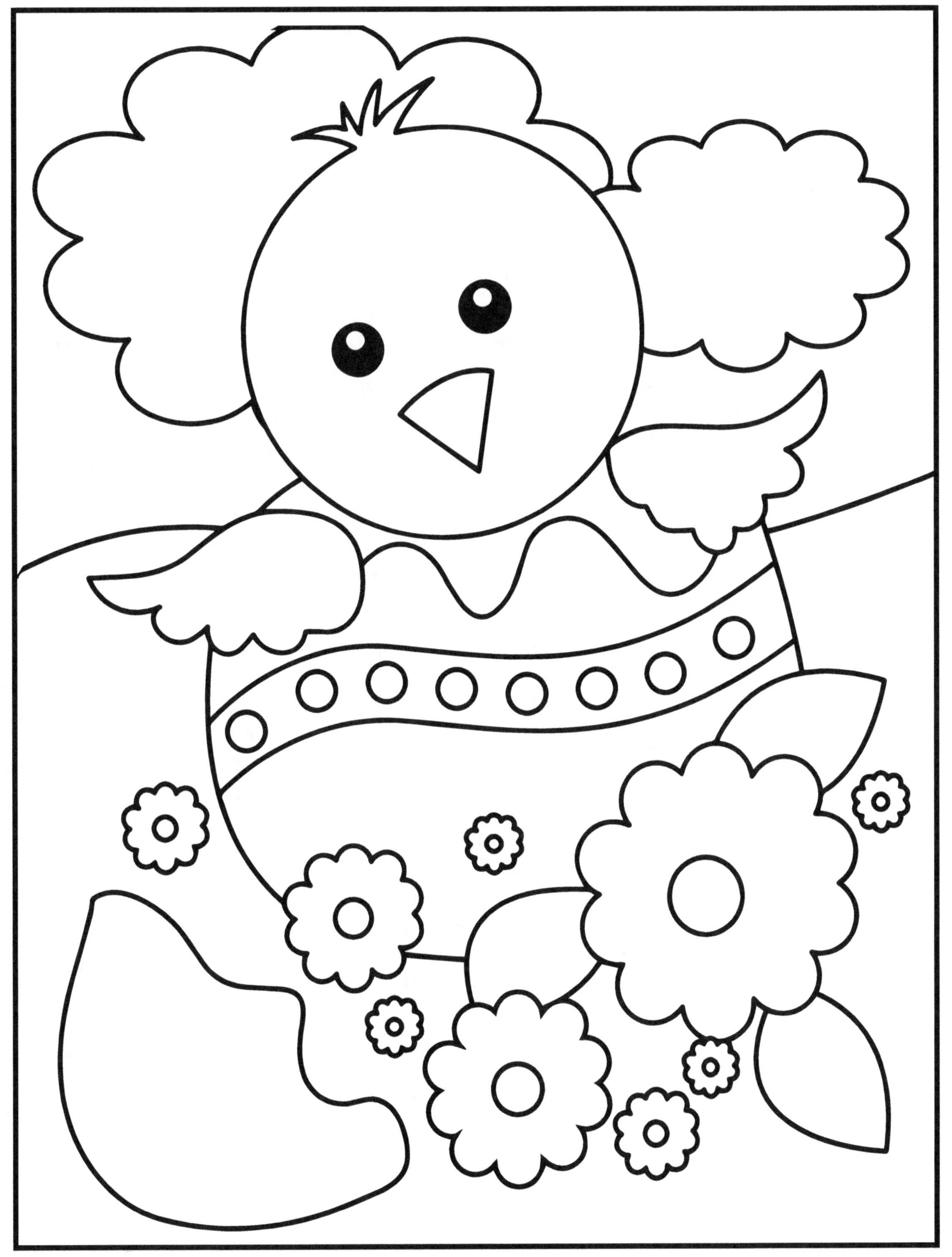

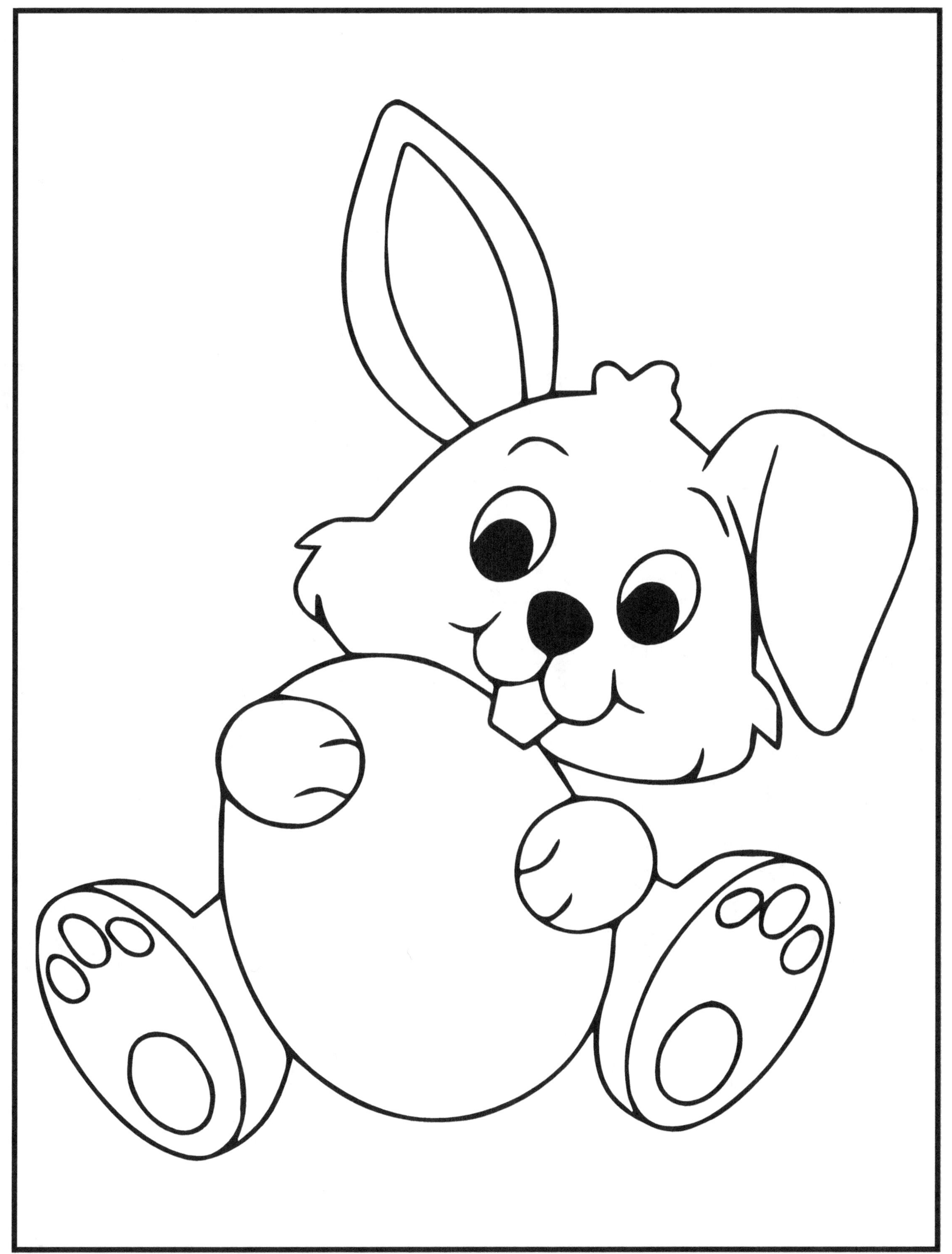

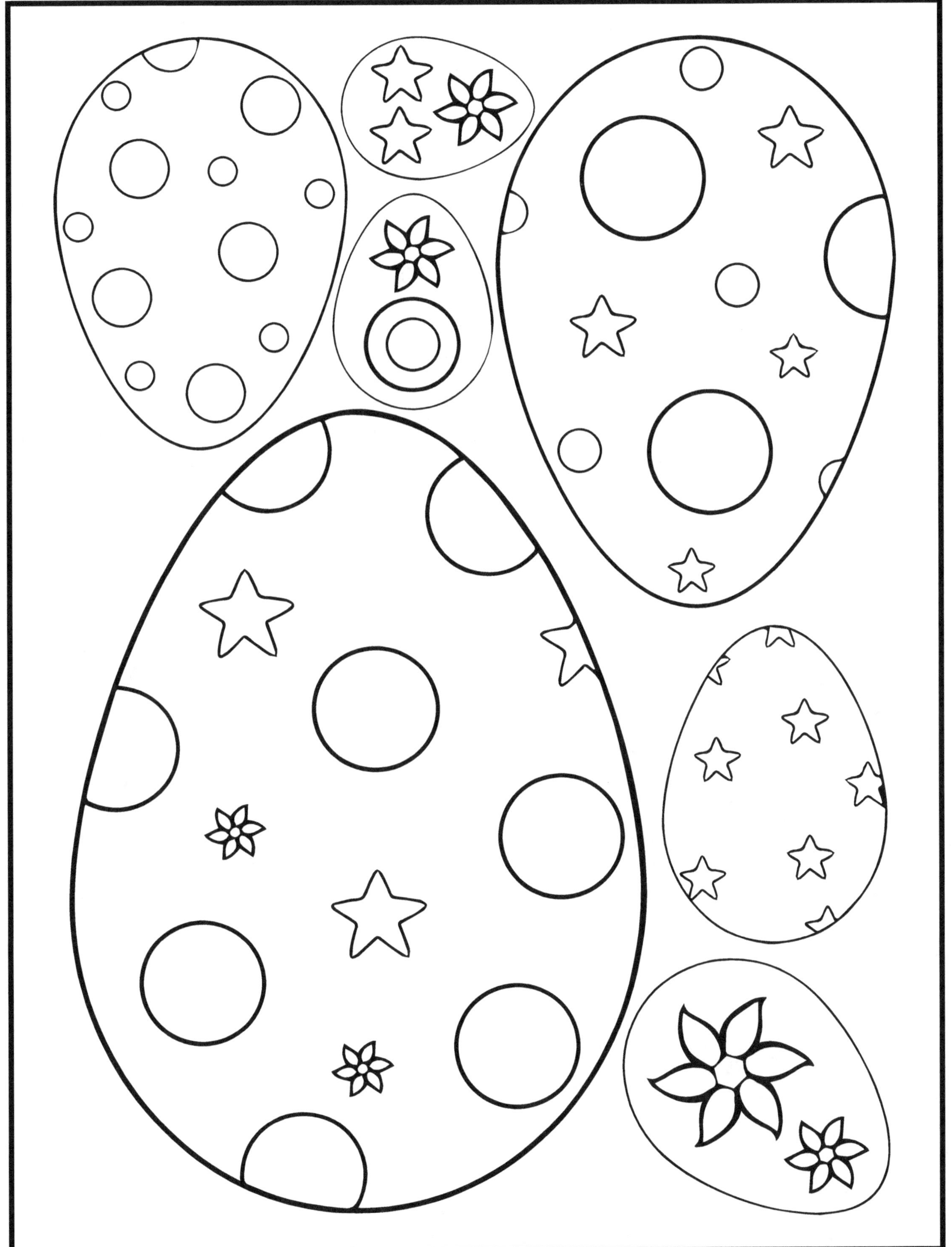

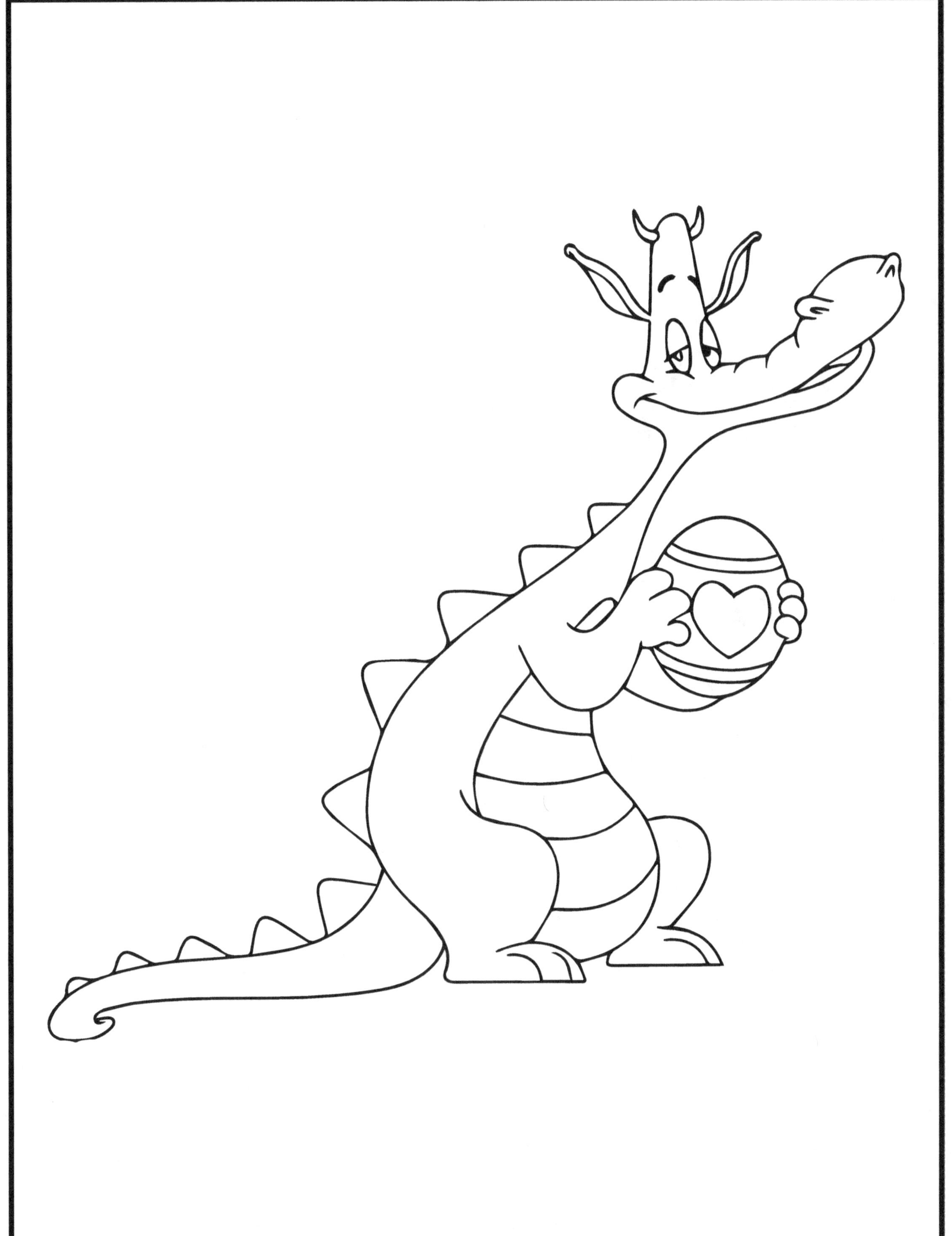

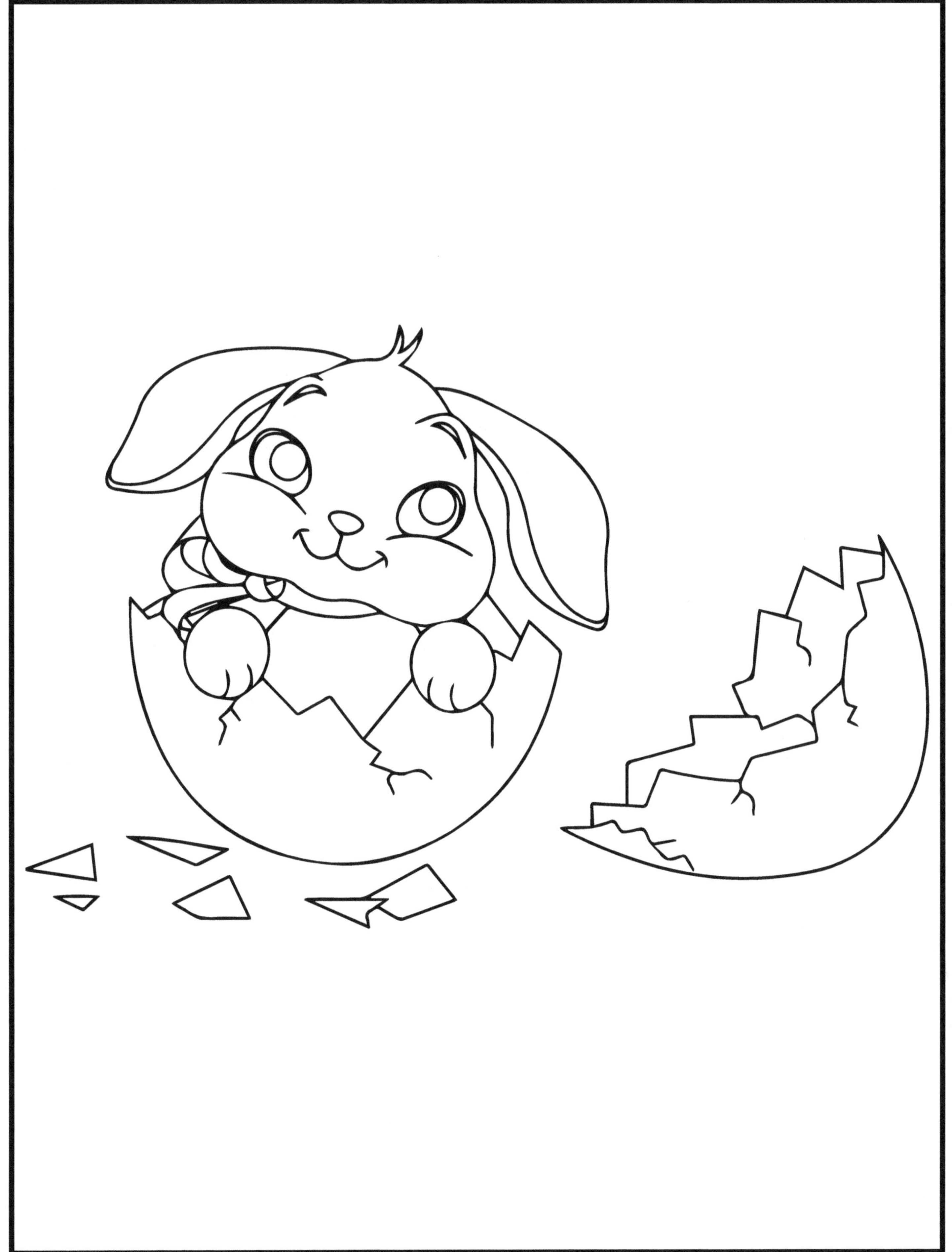

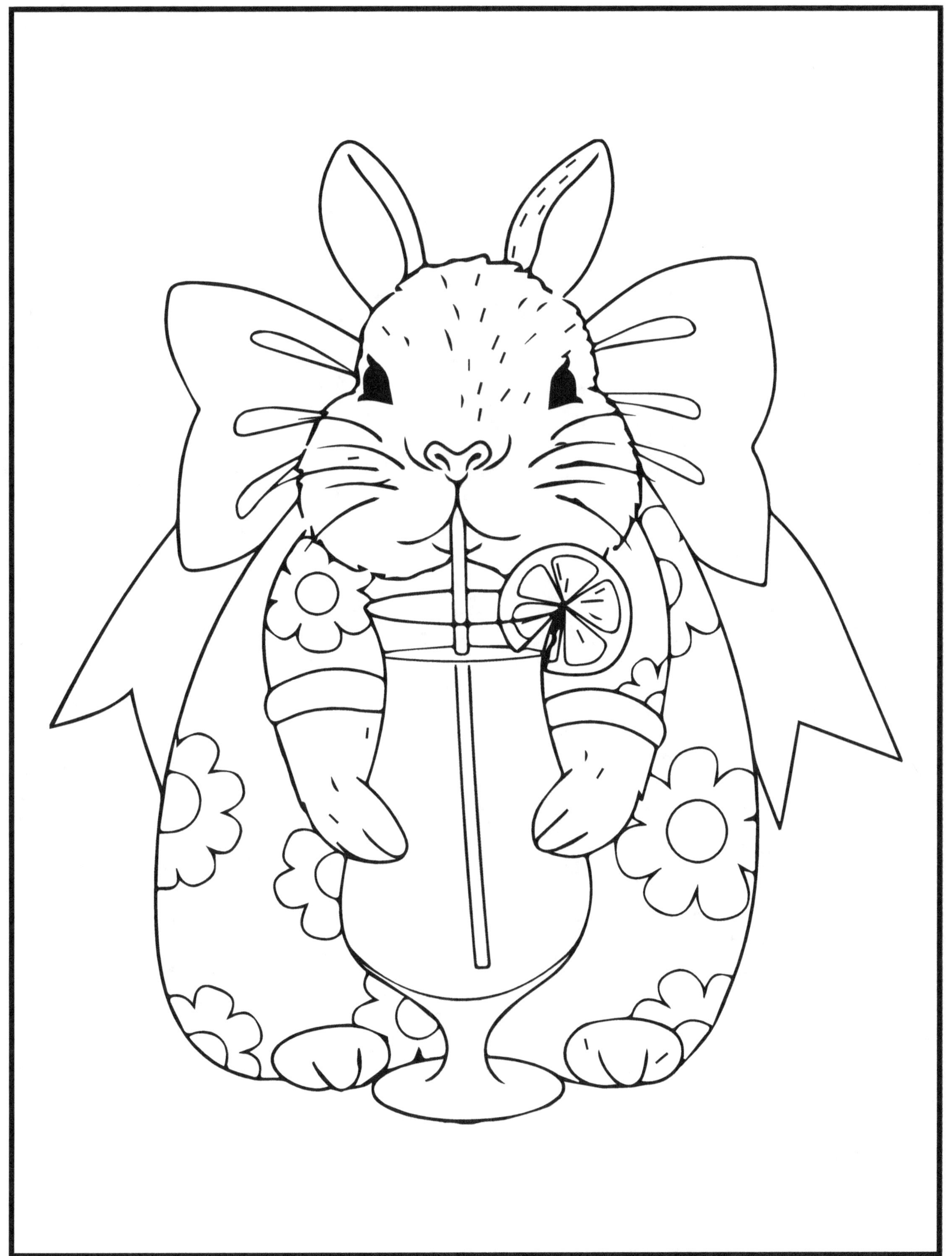

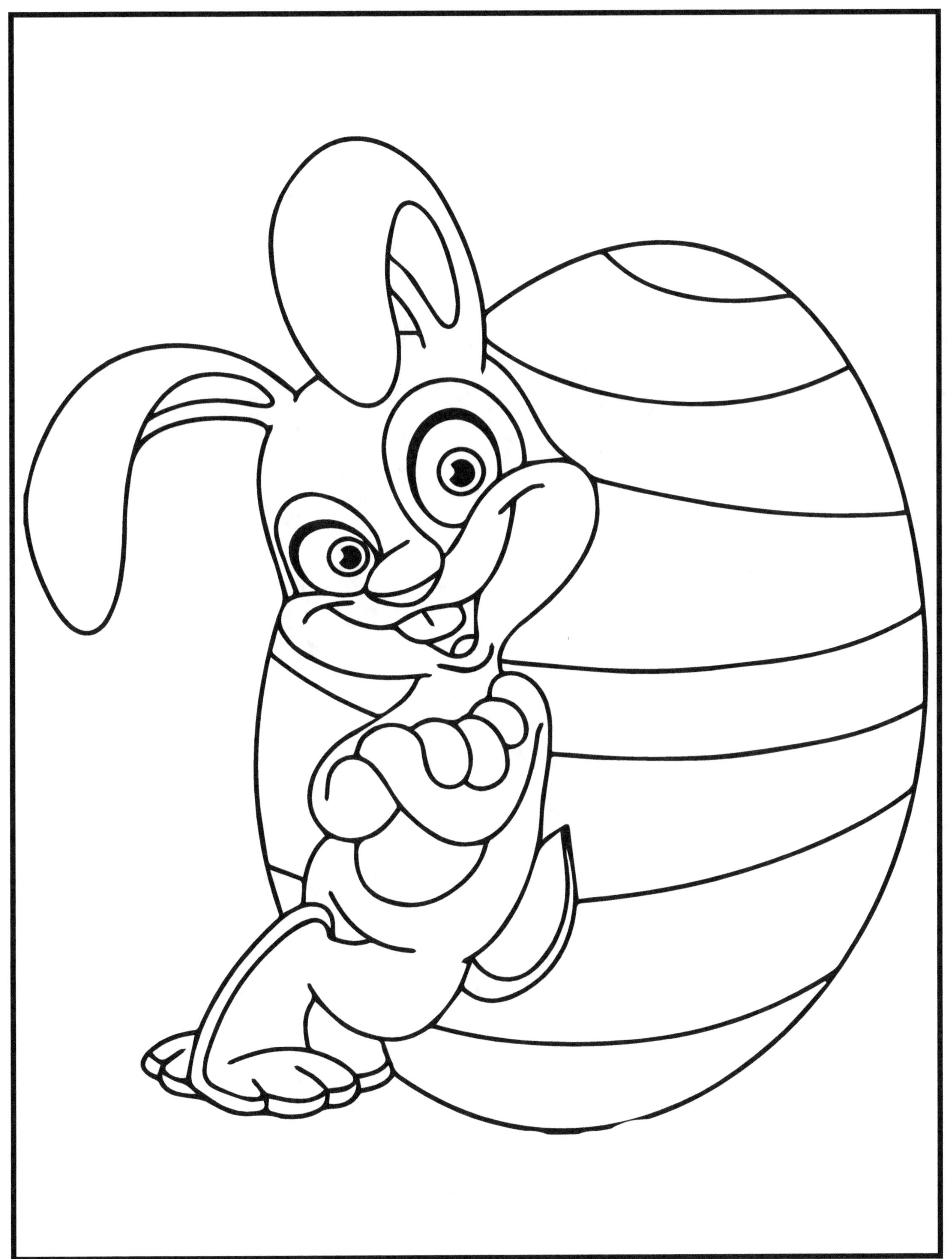

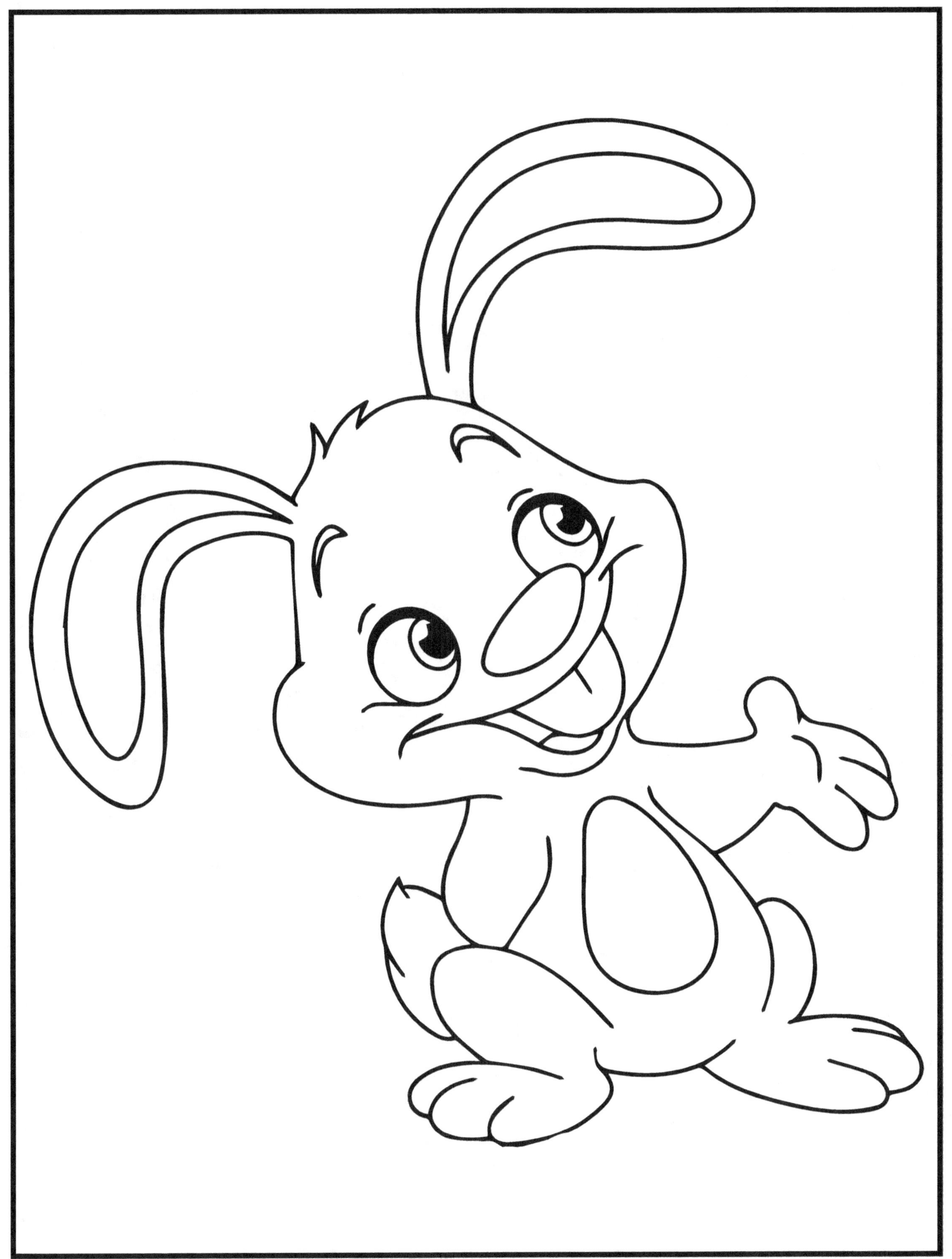

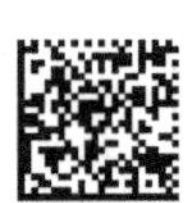